3

UTA OVER

Weihnachten
mit Pferden

Illustrationen von Gertraud Funke

SCHNEIDER
BUCH

Die Deutsche Bibliothek – CIP-Einheitsaufnahme

Over, Uta:
Weihnachten mit Pferden / Uta Over. Ill. von Gertraud Funke. –
München : F. Schneider, 1995
  ISBN 3-505-10175-3

Hrsg. Helga Wegener-Olbricht

Dieses Buch wurde auf chlorfreies,
umweltfreundlich hergestelltes
Papier gedruckt.

© 1995 by Franz Schneider Verlag GmbH
Schleißheimer Straße 267, 80809 München
Alle Rechte vorbehalten
Titelbild und Illustrationen: Gertraud Funke
Umschlaggestaltung: Claudia Wolfrath
Herstellung: Gabi König
Satz/Druck/Bindung: Ludwig Auer GmbH, Donauwörth
ISBN: 3-505-10175-3

Inhalt

Uta Over ist eine der bekanntesten Fachjournalistinnen der Pferdewelt. Sie hat Kinder- und Jugendbücher, Kurzgeschichten und Sachbücher geschrieben und übersetzt und ist ständige Mitarbeiterin verschiedener Pferdefachzeitschriften. Uta Over lebt mit ihren Tieren auf einem kleinen Hof in der Eifel.

Ich habe Sleipnir gesehen!

Als Kinder hatten wir Angst vor Wode und Sleipnir und vor Wodes wilden Hunden.

Ich bin in Mecklenburg, zwischen Heide und Moor, aufgewachsen, und unsere Großmutter warnte uns oft eindringlich vor Wode und seinem Pferd und ganz besonders vor den Hunden.

Wode, der Wilde Jäger, reitet in den Nächten zwischen Weihnachten und dem Tag der Heiligen Drei Könige, in den „Rauhnächten", den zwölf „Wilden Nächten", durchs Land. Er reitet ein Pferd mit acht Beinen und ist von vierundzwanzig weißen Hunden begleitet. Die Funken stieben unter den Hufen seines Pferdes Sleipnir, die Mähne hinterläßt eine Spur wie von Sternschnuppen, und Wode reitet so schnell, daß man ihn kaum sehen kann. Manche sagten, sein Pferd sei schwarz wie die Nacht, andere haben ein graues Pferd gesehen. Genau wußte es niemand.

Man durfte sich ihm nicht in den Weg stellen, denn dann wurde man umgeritten und bekam blaue Flecken oder konnte sich die Knochen brechen.

Auch mußten um diese Zeit alle Haustüren geschlossen sein. Sonst rannten die Hunde, so schnell der Jäger auch ritt, ins Haus und fraßen alles, was darinnen war.

Die Zäune mußten fest und die Weidetore geschlossen sein. Alles, was klapperte, rissen die Hunde sonst um. Aufgehängte Wäsche wurde zerrissen oder weit fortgetragen; verschmutzt und in Fetzen fand man sie dann am nächsten Morgen am Waldrand oder an einem Zaun hängen.

Wenn der Wind ums Haus heulte, wenn die Zweige der Bäume im Sturm ans Fenster schlugen, oder wenn manchmal ein vergessener Eimer oder ein loses Brett über den Hof trudelten, konnte man in den verwirrenden Geräuschen heulende Hunde und Hufschlag hören.

Meine Großmutter hatte wohl Grund, uns vor Wode und Sleipnir zu warnen, denn unsere Kinderspiele waren wild und gefährlich. So legten wir uns etwa an den Rand des Moors, immer ein Kind vor das andere. Man robbte dann auf dem Bauch der Reihe nach an allen Kindern vorbei bis zum ersten Kind vorn. Die Kinder bildeten eine Kette, jedes Kind hielt das Kind vor sich an den Füßen fest.

Es war gefährlich hier. Der Sumpf war tückisch, und mehr als ein Mensch war darin schon versunken und nie wieder gefunden worden. Auch der Bruder meiner Großmutter soll hier verschwunden sein. Aber für uns Kinder war das alles lange her.

Für uns war es eine Mutprobe; wer sich am weitesten in den Sumpf vorwagte, war der Held des Tages. Jedesmal gab es einen Helden und einen Feigling bei diesem Spiel. Denn immer sagte irgendwann eines der Kinder nein, und wer an der Spitze der Schlange war, war der Held, der Neinsager der Feigling.

An manchen Stellen trauten sich nur fünf oder sieben Kinder, eine Schlange zu machen. An anderen, weniger gefährlichen Stellen lagen manchmal zehn oder fünfzehn Kinder voreinander auf dem Boden.

Mein Vater und meine Mutter, mein Großvater und meine Großmutter hatten dieses Spiel auch schon gespielt und waren von ihren Eltern und Großeltern genauso dafür bestraft worden wie wir. Aber wie wir hatten sie dem Reiz der Gefahr auch nicht widerstehen können und es immer wieder gespielt.

Doch in den Rauhnächten ging niemand gern aus dem Haus. Für uns Kinder war es eine Mutprobe, wenn eines von uns zum Holzschuppen geschickt wurde, um Holz zu holen. Es war unsere Aufgabe, am Nachmittag genug Holz für die Nacht neben den Ofen zu legen. Wenn wir das vergessen hatten, wurden wir unerbittlich vor dem Schlafengehen über den großen Hof zum Schuppen geschickt.

In den Rauhnächten blieb meine Großmutter dann immer in der geöffneten Haustür stehen, aus der ein heller Schein auf den Hof fiel. Aber unheimlich war es doch, im dunklen Holzschuppen die Scheite zusammenzusuchen, sie auf die Schubkarre zu laden und sie dann im Laufschritt bis zur Haustür zu fahren.

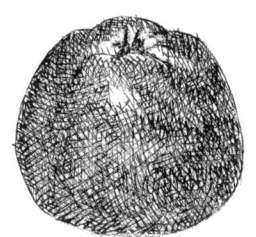

Ich brauchte das nie zu machen, denn ich war die Jüngste und „nur" ein Mädchen. Aber die Jungen mußten im Dunkeln Holz holen, wenn sie es nachmittags vergessen hatten. Und wenn sie dann glücklich und unversehrt wieder im Haus waren und sich von ihrer Angst erholt hatten, erzählten sie uns Mädchen flüsternd Geschichten von dem, was sie im Holzschuppen gesehen hatten. Da kamen dann eine Hexe oder ein Mann ohne Kopf vor – nie aber Wode. Vor ihm hatten auch die Jungen so große Angst, daß sie mit ihm keinen Scherz trieben.

Als ich neun Jahre alt war, flüchteten meine Eltern mit mir über die Grenze nach Westdeutschland, und meine Kindheit auf dem Lande war zu Ende. Ich lebte in der Stadt und vergaß nach und nach die Sagen und Gespenster meiner Kinderzeit.

Bis zum letzten Jahr. Da war ich wieder „nach Hause" gefahren, denn die Mauer war gefallen.

Von meiner Familie lebte niemand mehr hier. So hatte ich mich einige Tage nach Weihnachten in dem Dorf, das dem Hof meiner Kindheit am nächsten lag, in einem Gasthof eingemietet. Jeden Tag durchstreifte ich mit meinen Hunden die Landschaft, die mir früher so vertraut war.

Es hatte sich wenig verändert, doch der Hof meiner Großeltern hatte jetzt andere Besitzer. Die Dächer waren neu, stellte ich fest, und der Innenhof war neu gepflastert worden. Den kleinen Holzschuppen gab es nicht mehr, dafür neue Hallen, in denen Traktoren standen. Der Hof war mir fremd geworden; ich ging nur einmal hin, dann mied ich ihn.

An einem Nachmittag zwischen Weihnachten und Neujahr geschah es dann.

Ich war wieder mit den Hunden unterwegs. Meinen Wagen hatte ich am Rand des Moores abgestellt und war auf einem befestigten Weg ein ganzes Stück ins Moor gegangen.

Meine beiden Wolfsspitze sahen in dem weißen Schnee noch grauer aus als sonst. Begeistert zogen sie Kreise über die verschneite Moorlandschaft und versuchten manchmal, Mäuse auszubuddeln. Aber die hatten sich tief in ihre Mäuselöcher zurückgezogen, und die Hunde konnten nur furchterregend hineinschnauben. Herrlich war dann für die

10

beiden Hunde das Rennen im Schnee.

Als die Dämmerung begann, kehrte ich um, denn instinktiv scheute ich immer noch die Dunkelheit im Moor. Ich pfiff den Hunden und ging in Richtung auf mein Auto. Der Sonnenuntergang war prächtig an diesem Tag und ließ den Schnee rosa glitzern. An den Zweigen der Krüppelweiden am Wegrand hingen Tropfen, in denen sich das letzte Sonnenlicht spiegelte; denn es begann zu tauen.

Als die Sonne untergegangen war, wurde es schnell dunkel; viel schneller, als ich es erwartet hatte. Wind kam auf, der mich frösteln machte. Ich wollte gerade die wärmende Kapuze aufsetzen, als ich meine Hündin an meinem Bein spürte. Ängstlich und mit hängendem Schwanz schmiegte sie sich an mich und schaute mich hechelnd und hilfesuchend an. Als ich mich zu ihr runterbeugte, lief es mir plötzlich kalt und unheimlich über den Rücken, und ich rief scharf nach dem Rüden. Ungewohnt schnell und folgsam kam er auf meinen Pfiff zu mir. Er setzte sich neben uns und blickte mich aufmerksam an. Plötzlich sah er sich unsicher um, fing an zu winseln und legte sich angstvoll auf den Boden. Mein großer starker „Bär" zitterte und suchte Schutz zwischen meinen Füßen. Ich stand wie angewurzelt und konnte mich nicht rühren, denn der Hund ließ mich nicht vorwärts gehen.

Gerade wollte ich entschlossen weitergehen, als ich ein seltsames Sausen über und neben mir hörte, Peitschenknallen und Hundegekläff und das Schnauben eines Pferdes.

Ich erstarrte. Gerade wollte ich dieses Hirngespinst abschütteln und zum Auto gehen, als ich sie sah. Neben mir tauchten sie plötzlich aus dem Wind auf, der sie wie graue Nebelfetzen umgab: Wode und Sleipnir.

Schwarz war Sleipnir und gar nicht groß. Später dachte

ich, es hätte ein Islandpferd sein können. Jetzt sah ich nur wirbelnde Beine, glänzende Augen unter dem wirren Schopf und eine aufspritzende lange Mähne, aus der silberne Funken wie Sprühregen fielen. Mit hocherhobenem Kopf kam das Pferd auf mich zu; unglaublich kraftvoll und von seinem Reiter kaum gebändigt stürmte es vorwärts.

Der Reiter war groß, aber mehr sah ich nicht von ihm, denn er trug einen breitkrempigen Hut und war in einen weiten Mantel gehüllt, der wild flatterte. An den Händen hatte er Stulpenhandschuhe und an den Beinen derbe Stiefel. Von seinem Gesicht konnte ich nichts sehen.

Ich hörte Sleipnirs Schnauben und spürte einen Luftzug, als der Mantel des Reiters mich streifte; ich duckte mich und sprang zur Seite, als er dicht an mir vorbeistürmte. Gleichzeitig hörte ich das Winseln meiner Hunde, die sich fest an mich preßten.

Der Bär wollte gerade entfliehen, als ich ihn noch am Halskragen erwischte, meine Hündin preßte sich auf den Boden – dann kamen die Hunde. Wild bellend jagten sie hinter dem Reiter her, mit weiten Sprüngen flogen sie fast übers Moor. Ihre weißen Körper sahen wie Schaum in der Dunkelheit aus, der in Flocken hinter dem Reiter herflog und sich mit den silbernen Funken aus Sleipnirs Mähne vermischte.

Als sie neben uns waren, hörte ich ihren keuchenden Atem und spürte die Hitze ihrer Körper. Ganz fest packte ich meine beiden Hunde, die vor Entsetzen wimmerten.

Und dann war es auch schon vorbei. Ich richtete mich auf. In der Ferne hörte ich Hundegebell und den Hufschlag eines in seltsamem Rhythmus wie rasend voranstürmenden Pferdes; es war kein Trab und kein Galopp, sondern ein anderer, fremder Rhythmus.

Die Hunde wimmerten immer noch. Langsam löste ich meine verkrampfte Hand aus dem dicken Fell meines Wolfsspitzes und streichelte ihn. Er zitterte vor Schrecken.

Ich wollte mich fassen, aber das, was ich eben erlebt hatte, war so erschreckend, so unglaublich, daß ich mich nicht fassen konnte. In panischer Angst rannte ich zu meinem Auto, die Hunde dicht neben mir. Mit zitternden Händen schloß ich die Autotür auf, wie der Blitz waren die Hunde drinnen und legten sich hechelnd und ängstlich um sich blickend hin.

Ich machte das Licht im Wagen an und verriegelte die Türen, wohl wissend, daß ein Schloß mir bei dieser Erscheinung nicht helfen könnte.

Immer noch zitternd startete ich den Wagen und fuhr auf das Dorf zu, dessen Lichter mir hell und friedlich wie immer entgegenleuchteten.

Nur schwer konnte ich die Hunde vor dem Gasthof dazu bewegen, aus dem Auto zu kommen. Und die Gäste im Flur des Gasthofs schauten mich mißbilligend an, als ich mit zwei Hunden an ihnen vorbeiging, die aussahen, als hätten sie Prügel bekommen.

Ich ließ die Hunde an diesem Abend nicht mehr allein, sondern bat, daß man mir mein Essen aufs Zimmer bringen solle. In dieser Nacht kamen die beiden immer wieder an mein Bett; sie winselten und leckten mir die Hände und beruhigten sich erst wieder, wenn ich Licht machte und sie streichelte.

Am nächsten Morgen dann schienen sie ihre Angst vergessen zu haben und waren temperamentvoll und fröhlich wie immer.

Beim Frühstück in der Gaststube dachte ich über das gestrige Erlebnis nach und beschloß bei gutem Kaffee und knusprigen Brötchen, noch einmal zu der Stelle zu fahren, an der ich gestern Abend den Spuk gesehen hatte. Auch der Hunde wegen, dachte ich, damit sie sehen, daß es im Grunde überhaupt nichts war.

Bei strahlendem Sonnenschein fuhr ich los und war in wenigen Minuten am Rande des Moors. Es sah wunderbar aus in seinem Mantel aus glitzerndem Schnee, die Krüppelweiden wie Silberschmuck am Rande der weißen Fläche.

Heute hatte es nichts Ängstigendes; und ich öffnete die Heckklappe des Autos, damit die Hunde herausspringen konnten. Sie waren schon fast im Sprung, als sie zögernd verharrten und sich dann ängstlich winselnd bis auf den Vordersitz zurückzogen. Freundliches Locken und energische Befehle – nichts half, die Hunde kamen nicht aus dem Auto.

So klappte ich die Hecktür wieder zu und ging entschlossen allein die wenigen Schritte bis zu der Stelle, an der ich die seltsame Erscheinung gesehen hatte. Ich wollte mir selbst beweisen, daß es nur eine Art Traum gewesen war.

Wenige Schritte vor der Stelle aber sah ich den Schnee seitlich des Weges aufgewühlt, und als ich genau hinschaute, sah ich verwischte Spuren von Pferdehufen und vielen Hundepfoten.

Ich ging nicht weiter, denn Angst packte mich wieder. Aber ich konnte sehen, daß ein Stück vor mir die Spuren der Tiere plötzlich nicht mehr geradeaus gingen, sondern auf den Weg abschwenkten. Das mußte die Stelle sein, an der ich gestern gestanden hatte! Hier hatte der Reiter mich mit seinem Mantel gestreift.

Wie gestern Abend in der Dämmerung erschauerte ich auch jetzt im hellen Sonnenschein über der märchenhaft schönen Moorlandschaft.

In diesem Augenblick kam ein scharfer Wind auf und verwischte die Spuren von Sleipnirs Hufen und Wodes Hunden. Als ich wieder hinschaute, war der Schnee fast glatt.

Meine Hunde begrüßten mich mit Freudengeheul, als ich wieder ins Auto stieg. Sie konnten sich lange nicht beruhigen, daß ich wieder bei ihnen war.

Ich fuhr zum Gasthof, zahlte meine Rechnung und fuhr ab, wieder nach Hause. Ich werde nie wieder an diese Stelle zurückkommen.

Ob ich an Gespenster glaube? Nein, eigentlich nicht. Aber Wode und Sleipnir habe ich gesehen; ich habe den heißen Atem von Wodes Hunden gespürt, den rasenden Tölt von acht Hufen gehört und habe Funken aus Sleipnirs Mähne regnen sehen.

Und meine Hunde auch.

Liese und Christlies

Das kleine Pferdchen war im letzten Sommer im Tal zurückgeblieben. Nach vielen Jahren Krieg war endlich Frieden. Das magere braune Pferdchen war von durchziehenden Russen zurückgelassen worden, weil es zu schwach war, um die schweren Munitionskisten zu tragen.

Der alte Bauer hatte es auf einer Wiese entdeckt, wo es stand und mit eingeknicktem Bein döste. Weit und breit sah der Bauer keinen Menschen, und so nahm er das Pferdchen mit.

Es war sehr entkräftet gewesen, und der Alte hatte Mühe gehabt, es bis zu seinem Hof zu führen. Immer wieder war das kleine Pferd stehengeblieben und hatte versucht, sich hinzulegen, aber der Bauer hatte es jedes Mal weiter mit sich gezogen.

Nach drei Stunden schließlich kamen sie auf dem einsamen Hof an. Der alte Mann rief seine Frau, die hinterm Haus war.

„Du lieber Gott", rief sie und schlug die Hände überm Kopf zusammen, „was für ein Elendsgestell! Was willst du mit dem Pferd anfangen, Mann?"

„Ich füttere es auf", sagte der Alte. „Bis zum Winter ist es kräftig genug, dann kann es vor dem Pflug gehen. Jetzt, wo wir keinen Traktor und keine Arbeitskräfte mehr haben, ist ein Pferd Gold wert."

18

Die Frau war nicht überzeugt, aber sie war gutherzig und gewohnt, kranken Tieren zu helfen. So bekam die kleine Stute gutes Heu vorgelegt, und die Frau kochte ihr Gerste auf, damit sie wieder zu Kräften kommen sollte. Aber im Grunde hielt sie es für Verschwendung und machte kein Hehl daraus, daß das Pferd eigentlich nur ein unnützer Fresser war.

Tagsüber fraß die kleine Stute auf der Wiese ums Haus herum das Gras. Und bald schon merkten die Bauersleute, daß sie sie nicht anzubinden brauchten – die Stute folgte ihnen auf Schritt und Tritt und dachte gar nicht daran, wegzulaufen.

„Sie muß früher wohl bei guten Menschen gewesen sein", meinte der Bauer, denn das Pferdchen war zutraulich und ließ sich gern streicheln. Es liebte es, am Zaun zu stehen und den Bauersleuten bei der Gartenarbeit zuzusehen. Dabei verfolgten seine Blicke die beiden alten Leute unablässig, auch dann, wenn sie in den Schuppen gingen und die Saat oder einen Spaten holten.

Langsam rührte das die alte Frau, und eines Abends sagte sie zu ihrem Mann: „So etwas Unchristliches! Das arme Pferd hat gar keinen Namen! Wie sollen wir es nennen?"

Der Bauer wunderte sich über seine Frau, denn bisher hatte sie sich kaum um das Pferd gekümmert. Aber er hatte auch nicht gesehen, wie die kleine Stute still zu der Bäuerin kam, wenn sie manchmal morgens an die Mauer des Stalls gelehnt stand und weinte. Sie weinte um ihre beiden Söhne, die im Krieg gefallen waren; und sie weinte, weil sie alt war und spürte, wie ihre Kräfte nachließen.

Dann kam das Panjepferdchen zu der Frau und legte ihr sanft den Kopf auf die Schulter. Sacht spürte die Bäuerin den warmen Atem des Tieres, dann schlang sie wie von selbst die

Arme um den dünnen Pferdehals und vergrub ihr Gesicht in der lockigen Mähne. Dicht an das Pferd geschmiegt, wagte sie auch, laut zu weinen, denn die Mähne dämpfte ihr Schluchzen; ihr Mann würde es nicht hören können. Und es tat gut, laut weinen zu können.

So gab das kleine ausgemergelte Pferd der alten Frau Wärme und Zuneigung, und es entstand ein neues Verhältnis zwischen ihnen.

„Wir nennen es Liese", sagte die Frau. „Wir hatten immer eine Liese auf dem Hof, das ist ein guter Name für ein Pferd!"

Und der Mann war einverstanden.

Liese hörte bald auf ihren Namen; sie kam sofort, wenn der Bauer oder die Bäuerin sie riefen. Nach ein paar Monaten war sie kräftig genug, so daß der Bauer sie anschirrte und vor den kleinen Arbeitswagen spannte. Das Kutschgeschirr hatte er ändern müssen; denn die Pferde, die vor dem Krieg auf dem Hof waren, waren größer gewesen. Und auch die Deichsel des Arbeitswagens hatte er niedriger setzen müssen, damit sie zu Liese paßte. Das war viel Arbeit für den alten Mann gewesen. Aber jetzt zog Liese unermüdlich den Wagen und war so leicht zu kutschieren, wie der Bauer noch kein Pferd gehabt hatte.

„Sie weiß immer von selbst, was sie tun soll", sagte er bewundernd zu seiner Frau. „Ich brauche eigentlich gar keine Leinen."

Liese war eine große Hilfe auf dem Hof. Und jetzt sah die Frau auch ein, daß sie kein unnützer Fresser war und fütterte sie gut. Liese bekam wieder Muskeln, ihr Fell glänzte, und ihre Augen blickten aufmerksam und freundlich. Manchmal neckte der Bauer seine Frau sogar damit, daß die Liese ein rundes Bäuchlein bekam.

„Du verwöhnst sie zu sehr", sagte er dann mit gespieltem Vorwurf, aber im Grunde war er damit einverstanden.

An diesem Weihnachtsfest wollten sie nach Jahren endlich einmal wieder in die Stadt fahren, auf den Weihnachtsmarkt. Und auch in die Kirche. Zu Fuß war es zu weit für sie, aber mit Liese vor dem Wagen wäre es möglich. Wochenlang sprachen sie davon, wenn sie abends am Herdfeuer aßen, und freuten sich darauf.

Die Frau machte eine Liste von den Dingen, die sie einkaufen wollte, und holte das letzte Geld aus dem Kasten. Der Mann nahm sich vor, sich nach einer Magd umzusehen, denn er bemerkte wohl, wie schwer der Bäuerin die Arbeit fiel.

Am Tag vor dem Heiligen Abend putzte er die Liese besonders gründlich. Er raspelte die Hufe schön rund und bürstete ihre Mähne, bis sie glänzte. Auch schüttete er ihr eine Extraportion Hafer in den Trog. „Morgen mußt du weit laufen", sagte er, „da sollst du genug Kraft haben." Er strich ihr zärtlich über die Kruppe, die jetzt nicht mehr eingefallen war, und freute sich, als die Liese ihren Kopf sanft an seinem Ärmel rieb, so wie es ihre Gewohnheit war. „Bis morgen, meine Liese", sagte er und nahm die Petroleumlampe mit in die Küche.

„Ich habe ihr noch etwas Hafer gegeben", sagte er zu seiner Frau und rieb sich die Hände. „Sie soll ordentlich traben können morgen."

Am nächsten Morgen jedoch, als er Liese füttern wollte, bekam er einen großen Schrecken. Liese stand nicht auf, so wie sonst immer, wenn er in den Stall kam. Sie blieb liegen und drehte nur schwach den Kopf zu ihm. Ihre Augen sagten ihm, daß sie Schmerzen hatte.

Sie hat zuviel Hafer bekommen, schoß es ihm durch den

Kopf, und er rannte, so schnell er konnte, ins Haus. „Frau, die Liese!" Er keuchte vor Angst und vom schnellen Laufen. „Komm, sie ist krank! Du mußt mir helfen!"

Die Bäuerin lief sofort mit über den Hof und stand dann vor dem Pferd, das sich in Krämpfen wand.

„Wie konntest du so unvernünftig sein, dem armen Pferd so viel Hafer zu geben", fuhr sie ihren Mann an. Sie wußte selbst, daß das ungerecht war, aber in ihrer Hilflosigkeit und Angst gab sie ihm die Schuld daran, daß die Liese jetzt so krank und mit Schmerzen dalag.

„Wir müssen sie aufstellen", sagte sie. Aber auch gemeinsam schafften sie es nicht. Liese wollte auch gar nicht aufstehen. Von Zeit zu Zeit wurde sie von Krämpfen befallen, zwischendurch ruhte sie sich wieder aus.

„Liese, Liese", der Bauer kauerte sich zu seinem Pferd. „Du darfst nicht sterben, wir brauchen dich doch!" Er nahm den Kopf der kleinen Stute in den Arm und streichelte sie. Erst jetzt merkte er, wie sehr er das Pferdchen liebte, und wie sehr es zu seinem Leben gehörte.

Im Stall war es kalt, aber die beiden alten Leute blieben bei der Stute, deren Körper sich im Krampf mit Schweiß bedeckte. Sie rieben das Fell mit Stroh- und Heubündeln ab und vergaßen ganz, daß sie schon lange auf dem Weg in die Stadt sein wollten.

Die Sorge um ihr Pferd machte den Einkauf auf dem Markt und sogar die Kirche unwichtig. Wichtig war jetzt nur die Liese.

Gegen Mittag wurden die Krämpfe heftiger und kamen öfter – und plötzlich fing die alte Frau an leise zu lachen. Sie hatte seit Jahren nicht mehr gelacht, und der Bauer erschrak.

„Warum lachst du, Frau? Unser Pferd stirbt!" fuhr er sie barsch an.

Aber die alte Frau lachte weiter, sie war plötzlich ganz fröhlich. „Mann", entgegnete sie, „die Liese stirbt nicht. Die Liese bekommt ein Fohlen! Wir haben es nur nicht gemerkt!"

Dem Mann blieb der Mund offenstehen: „Ein Fohlen", stotterte er, „aber..."

„Nichts aber", sagte die Frau. „Natürlich kommen die meisten Fohlen im Frühjahr. Aber in diesem Krieg war alles möglich. Wer weiß denn, wo die Liese war, bevor sie zu uns kam."

Sinnend schauten die beiden alten Leute auf die kleine Stute, die im Stroh darum kämpfte, ihr Fohlen zur Welt zu bringen.

„Wir können nur warten", sagte die Frau. „Aber ich koche der Liese jetzt einen guten warmen Brei. Den wird sie gern fressen, wenn sie ihr Fohlen hat."

Sie ging ins Haus, um Feuer zu machen, denn das war ausgegangen, während die beiden alten Leute bei ihrer Stute wachten. Als die Frau nach einer Stunde wieder in den Stall ging, brachte sie eine Tasse heißen Tee für den Bauern mit.

Ihr Mann saß nicht mehr auf der Bank neben Lieses Box, er kniete im Stroh und wischte mit einem Heubüschel das Fohlen ab, das gerade geboren worden war.

„Frau", sagte er und drehte sich zu ihr um. „So ein schönes Fohlen von unserer Liese! Schau nur!" Er streichelte die Stute zärtlich und legte ihr das Fohlen neben ihren Kopf, damit sie es weiter trockenlecken konnte.

Liese beschnupperte ihr Kind und massierte dann das wuschelige feuchte Fell kräftig mit der Zunge und den Zähnen.

Die Frau hatte den Tee auf die Bank gestellt und war näher getreten.

„Ein Fohlen zu Weihnachten", sagte sie fast andächtig.

„Eine neue kleine Liese. Schau mal, der helle Fleck auf der Stirn! Und die großen Augen! Wie kräftig die Beine schon sind!" Und zur Liese gewandt: „Wie hattest du das nur versteckt, liebe Liese! Daß wir gar nichts bemerkt haben!"

Die beiden alten Leute faßten sich an den Händen und blickten auf das Fohlen.

„Zum Christfest ein Fohlen von unserer Liese", sagte die Bäuerin. „Wir wollen es Christlies nennen!" Sie ging ins Haus und holte die Schüssel mit Brei für die Stute. Als sie wiederkam, stand Liese schon, und das Fohlen trank bei ihr.

„Hier", sagte die Bäuerin und stellte der Stute die Schüssel hin, „das ist für dich! Und das hier ist für dich", fuhr sie zu ihrem Mann gewandt fort und holte eine Flasche unter der Schürze hervor. „Den hatte ich für einen besonderen Anlaß versteckt." Sie lachte über das verdutzte Gesicht des Bauern. „Da staunst du! Das wußtest du nicht, daß wir noch so guten Weinbrand im Haus hatten."

Zwei Gläser hatte sie auch mitgebracht. Und so stießen die beiden alten Leute im kalten Stall auf Liese und Christlies an.

Obwohl sie zu Weihnachten nichts hatten einkaufen können und obwohl sie nicht in der Christmette waren, vermißten sie nichts an diesem Weihnachtsfest. Am Abend gab es auch kein Festessen, aber bei Brot und Speck beschrieben sich die beiden alten Leute gegenseitig immer wieder ihre kleine Christlies. Und so war es ein sehr frohes Weihnachtsfest.

Die Nacht der Trolle

Gudmund Gudmundson war erst seit dem Frühjahr auf dem Hof. Er hatte ihn von seinem Onkel geerbt, der ohne Kinder gestorben war. Der Onkel, der auch Gudmund hieß, hatte den Hof in guter Ordnung gehalten: Menschen und Tiere hatten Gudmund geliebt, und man sah dem Hof an, daß auch der alte Mann ihn geliebt hatte. Obwohl der Hof im Nordland lag, ganz weit oben in Norwegen, wo nur noch wenige Blumen blühen, waren vor den Fenstern des Gudmund-Hofes im Sommer immer Blumenkästen. Und auch im Garten hatte es Kräuter und Blumen gegeben, die Ungeziefer fernhielten und Schmetterlinge anlockten. Die Blumen waren wie bunte Farbtupfer vor dem dunklen Grün der Tannen, die den alten Hof umstanden.

Als Gudmund Gudmundson einzog, änderte sich viel auf dem Hof. Die alten Mägde und Knechte mußten gehen, es wurden Tagelöhner für den Sommer eingestellt.

„Im Winter ist wenig Arbeit, aber essen wollen die auch im Winter. Das sollen sie woanders tun, nicht bei mir", sagte Gudmund. Und seine Frau stimmte ihm zu.

Die Mägde und Knechte hatten es auch im Sommer nicht leicht. Hatte Gudmunds Onkel es als das Wichtigste angesehen, daß alle froh und zufrieden waren, so wollte Gudmund möglichst viel Geld verdienen.

Auch das Haus hatte seine Fröhlichkeit verloren. Vor den

Fenstern blühten keine Blumen mehr, und aus dem Garten waren die Kräuter verschwunden. Gudmunds Frau ließ Kohl anbauen, weil der billig war und satt machte.

Im Winter dann sah der Hof trostlos aus. Früher hatten die Knechte und Mägde abends eine Kerze in jedes Fenster des Untergeschosses gestellt – das gab einen warmen Schein und wies in der Dunkelheit Menschen und Tieren den Weg zum Gudmund-Hof. Und an der Haustür hatten Kränze aus Tannenzweigen gehangen, verziert mit Tannenzapfen und lila Disteln, die man im Sommer gesammelt hatte.

Die Hofbewohner hatten um das offene Feuer in der Küche gesessen und von früheren Zeiten erzählt; vor dem Schlafengehen hatten sie auch manchmal den Trollen, den kleinen Hausgeistern, die im Gebälk des Hofes wohnten, eine Kleinigkeit auf ein Tellerchen gelegt. Mal war es ein halber Apfel, dann wieder ein paar schon aufgeknackte Haselnüsse – und am nächsten Morgen war die Mahlzeit immer verschwunden gewesen. Das gab es jetzt nicht mehr. Die Mägde waren nach der Ernte entlassen worden, nur noch zwei Knechte waren auf dem Hof, die das Vieh und die Pferde notdürftig versorgten und Holz fällten.

Die Pferde hatten einen harten Sommer hinter sich. Die schönen Rappen vom Gudmund-Hof waren bekannt in der Gegend – nie sah man sie im Schritt gehen, immer trabten sie vor dem Wagen und warfen ihre Köpfe mutwillig hin und her, als dürften sie nicht schnell genug laufen.

Die Gudmund-Rappen waren nicht für die Feldarbeit da – dafür gab es schwere Pferde, die den Pflug und die hochbeladenen Erntewagen leichter ziehen konnten. Aber diese Pferde hatte Gudmund verkauft, und die Gudmund-Rappen mußten in diesem Sommer Arbeit tun, die zu schwer für sie war.

So warfen sie ihre Köpfe im Herbst nicht mehr mutwillig hoch, wenn Gudmund mit ihnen in die Stadt fuhr. Ihre Augen blitzten nicht mehr feurig; und wenn sie nicht die Peitsche zu spüren bekamen, fielen sie in Schritt.

Die Leute rundum sahen das wohl; aber was konnte man da machen ... Die Pferde gehörten Gudmund, und über den Winter würden sie sich schon wieder erholen, dachte man.

Gudmund aber dachte gar nicht daran, die Pferde im Winter gut zu füttern. „Wer nicht arbeitet, braucht auch nicht zu essen", pflegte er zu sagen. Und so bekamen die Pferde in ihrem Stall nicht so wie früher im Winter gutes Heu und manchmal auch einen Apfel oder eine Rübe, sondern nur Stroh.

Wenn Gudmund jetzt mit ihnen zur Stadt fuhr, merkte selbst er, daß sie nicht mehr soviel Kraft hatten wie früher.

Die Pferde konnten sich nicht wehren gegen diese Behandlung, und obwohl sie willig waren und gern arbeiteten, fiel es ihnen schwer, den mächtigen Schlitten im Trab zu ziehen.

„Schlechte Gäule", sagte Gudmund zu seiner Frau. „Die laufen nur, wenn man sie mit Futter vollstopft! Na gut, eine Woche vor Weihnachten sollen sie Hafer bekommen, damit sie bei der Christmette in der Stadt gut aussehen. Aber dann ist Schluß bis zum Frühjahr mit der Fütterei! Danach gibt es nur noch Stroh. Im Sommer können sie nach der Feldarbeit wieder Gras fressen, das kostet nichts."

Der Knecht hatte manchmal etwas gesagt, daß die Pferde im kalten Stall mehr brauchten als nur Stroh. Aber Gudmund war ihm scharf über den Mund gefahren, so daß der Knecht nichts mehr sagte.

Die Trolle jedoch, die seit dem Tod des alten Gudmund auch vernachlässigt wurden, sahen alles. Sie gaben den Pferden nachts manchmal heimlich ein paar Hände voll Hafer, damit sie nicht zu sehr froren.

Die Pferde waren den Trollen dankbar; aber wie alle Wesen können die Pferde die Sprache der Trolle nur in der Weihnachtsnacht verstehen; und so konnten sie den Trollen nicht ihr Leid klagen. Sie sahen sie nur eindringlich mit ihren schönen dunklen Augen an – und die Trolle verstanden. Früher hatten die Trolle den Hofbesitzern Streiche gespielt, wenn man sie vergessen und ihnen nichts zu essen hingestellt hatte. Sie hatten nachts die frisch gekämmten Mähnen der Pferde verwirrt oder die Stallgasse mit Schmutz beworfen. Gudmund aber wollten sie einen rechten Denkzettel geben, weil er Menschen und Tiere schlecht behandelte. Und so überlegten sie lange, wie sie es anstellen konnten.

In der Zwischenzeit striegelten sie nachts die Pferde und kämmten ihnen die Mähnen, obwohl das schwere Arbeit für sie war, denn Trolle sind nur so groß wie eine Hand. Aber sie hangelten sich von Strähne zu Strähne, bis die Mähnen und Schweife glatt und glänzend waren.

Bald wußten die Pferde, wie sie ihre Hufe stellen mußten, damit die Trolle sie bequem auskratzen konnten. Das tat ihnen gut, denn Gudmund machte das nie, und manchmal schmerzten Steinchen im Huf, die sich festgesetzt hatten.

Immer vier Trolle arbeiteten an einem Huf, und die Pferde achteten sorgfältig darauf, daß sie den Huf erst wieder absetzten, wenn die Trolle beiseite gegangen waren, damit keiner verletzt wurde.

Eine Woche vor Weihnachten, als Gudmund die Pferde wieder besser fütterte, damit er mit feurigen Pferden zur Christmette fahren konnte, begannen die Trolle mit ihren Vorbereitungen. Sie versteckten die Zuckerdose, die nur für

Gudmund und seine Frau da war. Und obwohl Gudmunds Frau zuerst die Knechte verdächtigte, mußte sie zugeben, daß diese sie nicht versteckt haben konnten. Hoch im Gebälk der alten Küche fand sie sie wieder.

Die Trolle liefen mit ihren Patschefüßchen über Gudmunds frisch gewaschene Hemden, die in der Wintersonne bleichten, und sie gossen die Sahne aus, die sich Gudmunds Frau heimlich mit ins Zimmer genommen hatte, um sich damit die Haut geschmeidig zu machen. Nachts mischten sie Asche in Gudmunds Tabak und verwirrten mit ihren geschickten Fingern die Stickerei von Gudmunds Frau: Wie von Geisterhand waren am Morgen fremde Muster auf die Kissen gestickt, die bunten Wollfäden waren im ganzen Zimmer verstreut.

Nie aber machten die Trolle etwas, das den Verdacht auf die beiden Knechte lenken könnte, denn sie wollten ihnen nicht schaden.

Am Nachmittag des Weihnachtstages wurden die Pferde schön geputzt, das war nicht viel Arbeit, denn die Trolle hatten gute Vorarbeit geleistet. So glänzten die Mähnen und das Fell der Pferde bald mit ihren gefetteten Hufen und dem frisch polierten Zaumzeug um die Wette.

Die Pferde stampften und schnaubten, als sie am Abend aus dem Stall in den Hof geführt wurden. In den Eisenringen an den Mauern steckten Pechfackeln, die lodernd brannten und den Hof in flackerndes Licht tauchten.

Die Pferde wollten zum Hoftor hinaus und nach dem langen Stehen im Schnee rennen. Doch Gudmund hielt sie mit eiserner Hand fest und befahl den Knechten, die Pferde anzuschirren. Aber das ging nicht, denn das Geschirr, das sie am Morgen noch poliert und ordentlich an die Wand gehängt hatten, war verschmutzt und ganz falsch ver-

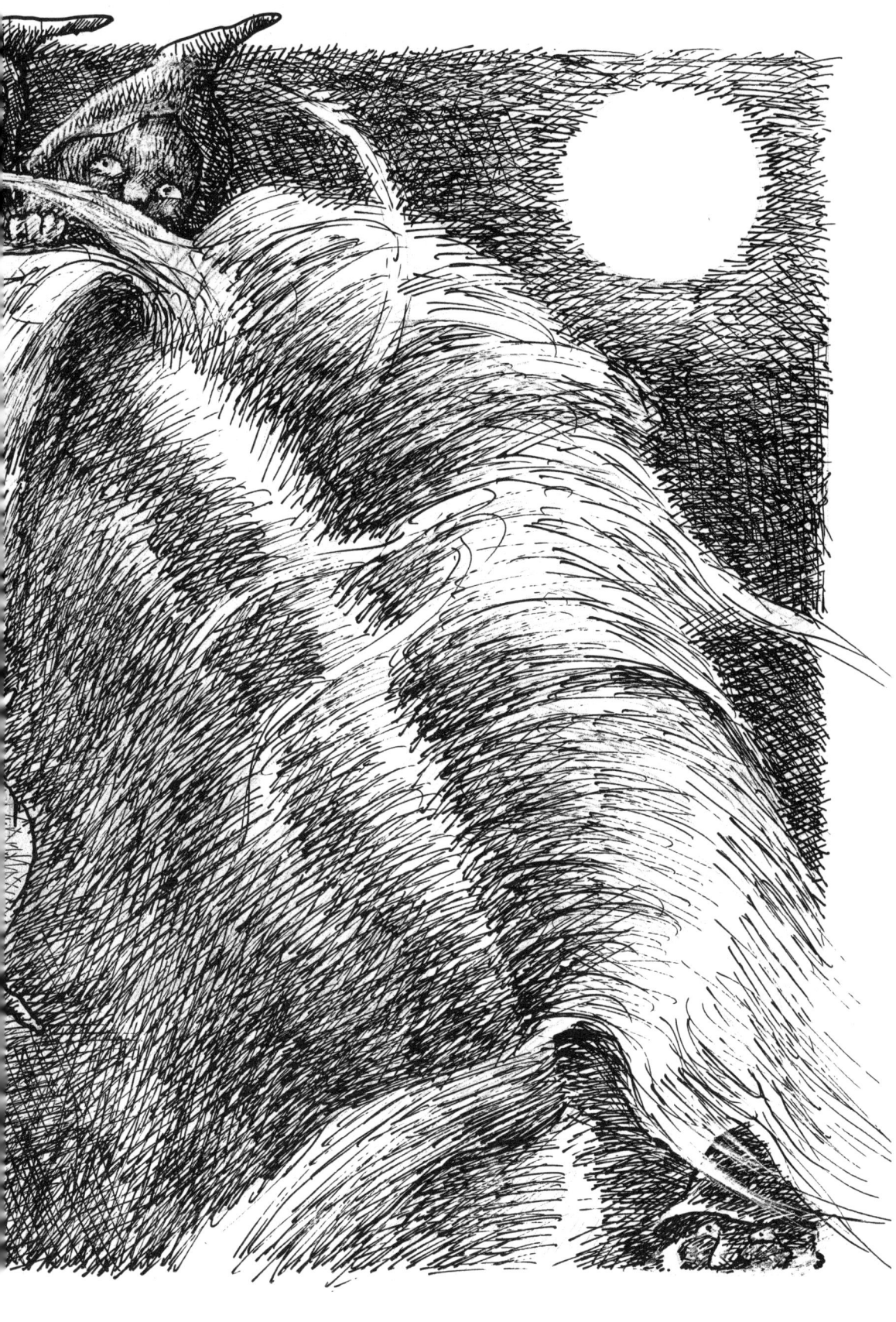

schnallt: Keine Schnalle war mehr in der richtigen Öse, keine Leine war dort, wo sie hingehörte.

Fluchend führte Gudmund die Pferde zurück in den Stall – nun würde er nicht pünktlich zur Christmette kommen, denn die beginnt um Mitternacht. Niemand würde den neuen goldenen Halsschmuck seiner Frau sehen und seine neue Fellmütze. Gudmund schäumte vor Wut, er konnte sich das Ganze nicht erklären.

Seine Frau nahm die schweren Bärenfelle, die sie schon in den Schlitten gelegt hatte, wieder ins Haus. Und die heißen Ziegelsteine, die die Füße wärmen sollten, legte sie noch einmal ans Feuer.

„Macht schnell mit dem Lederzeug", trieb sie die beiden Knechte an. Aber es dauerte seine Zeit, bis das ganze Lederzeug auseinandergenommen, gereinigt und wieder ordentlich verschnallt war, so daß man es den Pferden anlegen konnte.

Damit hatten die Trolle gerechnet, denn nur eine Stunde lang können sie in jedem Jahr mit Menschen und Tieren reden: Die Stunde während der Christmette.

Was nützte es aber, wenn Gudmund und seine Frau in der Christmette wären und die Trolle ihnen nicht sagen könnten, warum Zuckerdosen verschwanden, warum Gudmunds Hemden Schmutzspuren hatten und die Stickerei der Frau seltsame Muster aufwies.

Also mußten die Trolle sehen, daß sie in der Weihnachtsnacht mit Gudmund und seiner Frau sprechen konnten.

Sie würden mitfahren zur Kirche, das hatten sie beschlossen. Fünfzig und mehr Trolle hatten Platz in der Kutsche und auf den Pferden. Und auf der Fahrt zur Kirche würden Gudmund und seine Frau einiges erleben!

Es war kurz vor Mitternacht, als die Pferde angeschirrt

wurden. Brennende Fackeln steckten seitlich am Schlitten, die heißen Ziegelsteine waren an den Füßen von Gudmund und seiner Frau, die dicken Bärenfelle lagen über ihren Knien.

Aber weder Gudmund noch seine Frau wußten, daß viele kleine Trolle, warm in die Bärenfelle gekuschelt, mit ihnen den langen Weg zur Christmette fuhren. Auch in den Mähnen der Pferde saßen Trolle, und einige hatten sich an die mit Flanelltüchern umwickelten heißen Ziegelsteine geschmiegt – ihnen allen würde nicht kalt werden bis Mitternacht.

Mit Wucht zogen die Pferde an, als die Knechte, die an ihrem Kopf gestanden hatten, die Zügel losließen. Gudmund hatte alle Hände voll zu tun, die Pferde auf dem Weg zu halten. Die Schlittenglocken läuteten hell, und in vollem Galopp ging es in den Wald. Die Fackeln sprühten Funken, die in einer langen feurigen Spur hinter dem Schlitten herflogen.

In Windeseile war der dunkle Tannenwald durchfahren. Jetzt kam die Ebene, über die die Pferde wohl eine halbe Stunde scharf zu traben hatten. Sie stoben durch den Schnee und freuten sich ihrer Freiheit; sie wußten nicht, daß noch harte Arbeit vor ihnen lag, denn Gudmund würde rücksichtslos von der Peitsche Gebrauch machen, wenn sie langsamer würden. Warm mit Bärenfellen zugedeckt, saß Gudmunds Frau im Schlitten. Ihre Halskette würde wohl doch noch bewundert werden, denn bei diesem Tempo würden sie vor dem Ende der Christmette vor der Kirche eintreffen, dachte sie zufrieden. Plötzlich spürte sie, wie ihr das warme Bärenfell von den Knien gezogen wurde.

„Laß das", sagte sie streng zu ihrem Mann, „soll ich erfrieren?"

Aber Gudmund schaute sie verständnislos an. In dem Augenblick wurde ihm die Peitsche aus der Hand genommen und fiel seitwärts in den Schnee. Er sah kleine Lichter an seiner Hand tanzen, die eben noch die Peitsche gehalten hatte.

„Hee, hoo!" Er versuchte die Pferde anzuhalten, um die verlorene Peitsche zu holen – da hörte er leises Gekicher und Gewisper. Aber Gudmund dachte, er habe sich getäuscht.

Doch die Pferde waren nicht anzuhalten, so sehr er auch an den Leinen zog. Er wußte nicht, daß viele kleine Trolle die Leinen fest in ihren winzigen Händen hielten, so daß die Pferde den harten Zug der Leinen in ihren Mäulern nicht spürten. Doch an den Köpfen der Pferde sah er ab und zu kleine Lichter aufblitzen.

Dann flog Gudmund die Mütze vom Kopf, und gleich darauf wurde der Hut seiner Frau weggetrieben.

„Himmeldonnerwetter!" schrie er und legte sich mit voller Kraft in die Zügel. Da konnten die Trolle nicht mehr gegenhalten, und die Pferde standen zitternd still.

„Na also!" sagte Gudmund. „Frau, wir fahren zurück und holen meine Mütze und deinen Hut. Und die verlorene Peitsche holen wir auch. Den Gäulen werde ich's zeigen!" Er nahm die Leinen wieder auf und wollte die Pferde antreiben – aber die Pferde waren nicht mehr an den Leinen. Mehr als hundert flinke kleine Hände hatten die Pferde ausgeschirrt, so daß sie frei neben der Kutsche standen.

Und jetzt wurden die kleinen Lichter, die Gudmund und seine Frau hatten aufblitzen sehen, zu Gesichtern, die sie im Schein der Fackeln erkennen konnten, denn es war Mitternacht. Viele, viele kleine Trolle sahen sie auf den Pferden. Sie saßen auf ihren Rücken, hingen in ihren schwarzen glänzenden Mähnen oder hielten sich an den Schlittenglocken fest. Und die Pferde standen ganz still und hatten keine Angst.

Auch in den Bärenfellen saßen Trolle; andere krochen neben den heißen Ziegelsteinen hervor und kletterten behende auf den Kutschbock; sie kicherten leise, prusteten vergnügt und schlugen die Hände zusammen, als sie in die Kälte kamen.

Gudmund und seine Frau verstanden nicht, was geschah. Natürlich hatten sie von Trollen und allerhand Aberglauben gehört, als sie auf den Gudmund-Hof gezogen waren. Und natürlich hatten die Knechte und Mägde ihnen gesagt, daß man den Trollen „ihren Teil" geben müsse – aber Gudmund und seine Frau hatten darüber gelacht.

Jetzt waren die Trolle da. Winzig klein waren sie, Gudmund hätte gleich mehrere auf einmal in einer Hand zerquetschen können – aber seine Hände hingen kraftlos herab; Gudmund war überwältigt von dem, was er sah.

Verwirrt schaute er um sich und sah überall Trolle. Es war klar, daß er nichts gegen sie tun konnte. Natürlich könnte er einige von ihnen in den Schnee schleudern, aber das würde die Sache nur noch schlimmer machen. Er schaute zu seiner Frau und sah, daß sie wie erstarrt dasaß.

Und plötzlich fingen die Trolle an zu sprechen. Gudmund stellten sich die Haare auf vor Entsetzen.

„Ihr habt uns vergessen", sagten sie. „Ihr wart zu geizig, uns auch nur einen Krümel von eurem Essen abzugeben. Aber das ist nicht so schlimm, wir können für uns selbst sorgen. Doch die Pferde können es nicht, sie müssen das fressen, was sie aus eurer Hand bekommen. Und ihr gebt ihnen zu wenig und nur schlechtes Futter. Es sind gute Pferde, die gern für euch arbeiten würden, wenn ihr sie gut behandeln wolltet!"

Die Pferde hatten sich mit dem Kutschgeschirr umgedreht und hörten zu. Zwar konnten sie nicht sprechen, aber sie konnten die Trolle verstehen.

„Wir sind klein", fuhren die Trolle fort, „aber wir sind viele – das macht uns stark. Wir können nur einmal im Jahr zu euch sprechen, jetzt, in der Christnacht. Aber wir sind immer da, solange es den Gudmund-Hof geben wird. Und wir dulden nicht, daß hier Menschen und Tiere schlecht behandelt werden."

Gudmund war in sich zusammengesunken, seine Frau zitterte vor Angst.

„Glaubt nicht, daß Zuckerdosenverstecken, Hemdenschmutzigmachen und Stickereienverwirren alles ist, was wir können. Das waren nur Zeichen, an die ihr euch heute nacht erinnern und euch ausmalen sollt, was geschehen wird, wenn wir ernst machen! Die goldene Kette der Frau könnte verschwinden, die Bärenfelle könnten löchrig werden und die Speichen der Kutschräder abfallen ..."

Die Trolle schwiegen. Endlich erhob sich einer, der auf dem Peitschenhalter saß, in dem jetzt keine Peitsche mehr steckte. „Versprecht uns, daß ihr Menschen und Tiere von jetzt ab besser behandeln werdet! Sonst könnt ihr zu Fuß nach Hause gehen, denn eure Pferde werden wir mitnehmen!"

Blaß und zitternd vor Angst versprachen Gudmund und seine Frau den Trollen alles, was sie wollten.

„Auch Blumen und Kräuter wird es wieder geben auf dem Gudmund-Hof! Die Knechte und Mägde sollen auch im Winter bleiben, damit sie es warm haben und genug zu essen bekommen. Gleich jetzt in der Kirche sagt ihr es denen von euren Leuten, die ihr trefft, daß sie wieder auf den Hof kommen können."

Gudmund wollte aufbegehren, aber die Frau sagte schnell: „Wir versprechen es!"

„Glaubt nicht, daß ihr euer Versprechen brechen könnt", warnte der Troll, der auf Gudmunds Knie saß. „Das Leben auf dem Gudmund-Hof würde euch sauer werden. Ihr kennt jetzt die Macht der Trolle!" Er stieg von Gudmunds Knie und kletterte geschickt über das Wagenrad nach unten. Der Kleine versank fast im Schnee, aber er kämpfte sich unverdrossen bis zu den Pferden durch.

„Es wird alles gut", sagte er zu den Rappen und schaute zu ihnen auf, denn er war sehr klein neben ihnen. „Ihr könnt euch jetzt wieder vor den Schlitten stellen, damit wir euch anschirren können. Es wird auch nichts Böses mehr geschehen. Bis zum Dorfrand könnt ihr im Schritt gehen – aber bei der Kirche sollt ihr im Trab vorfahren, wie es sich für Gudmund-Rappen schickt. Gudmund wird euch dann die Decken überlegen, die hinten im Schlitten liegen. Er hat vergessen, sie mitzunehmen, aber wir haben sie heimlich in den Schlitten gelegt."

Die Pferde schauten die Trolle an, sie verstanden sie. Dann gingen sie zum Schlitten und stellten sich so, daß sie angeschirrt werden konnten.

Gudmund war nicht fähig, vom Schlitten zu steigen, so sehr zitterte er. Aber das war auch nicht nötig: In einer Minute hatten die Trolle die Pferde angeschirrt, dann hatte sich jeder ein warmes Plätzchen für die Fahrt gesucht.

Die Pferde zogen von selbst an und gingen in zügigem Schritt weiter. Am Dorfrand jedoch fingen sie an zu traben, denn das waren sie den Trollen schuldig.

Inzwischen hatte sich Gudmund von seinem Schrecken erholt und konnte die Leinen wieder aufnehmen. Aber er nahm sie jetzt vorsichtig in die Hand, damit er den Pferden nicht im Maul weh tat.

Kurz bevor sie bei der Kirche ankamen, schlug es ein Uhr, und da wurden die Trolle wieder unsichtbar; nur ein flackerndes kleines Licht war zuweilen an einem Pferdekopf oder im Bärenfell zu sehen.

Gudmund und seine Frau hielten ihr Versprechen. Sie hatten zu große Angst, um es nicht zu tun. Und nach und nach zog auf dem Gudmund-Hof wieder Fröhlichkeit ein.

Die Trolle aber bekamen regelmäßig ihr Tellerchen voll Teig, wenn gebacken wurde. Und manchmal stellte Gudmunds Frau abends auch einen Fingerhut voll Likör auf den Tisch. Dann war der Fingerhut am nächsten Morgen leer, und die Frau meinte, daß sie in der Nacht Gekicher gehört hatte. Dann lächelte Gudmunds Frau.

Das russische Glöckchen

Mr. Curtis Brown war ungehalten, und das war selten bei ihm. Er war ein Mann mit erstklassigen Manieren, und als erfolgreicher Geschäftsmann strahlte er im allgemeinen souveräne Ruhe aus. Mr. Brown hatte einen guten Ruf in der New Yorker Gesellschaft. Als junger Mann war er nach New York gekommen und hatte hart gearbeitet, bis er einen kleinen Laden eröffnen konnte. Zehn Jahre später war aus dem kleinen Laden ein Supermarkt geworden, und jetzt gehörte Mr. Brown eine der größten Supermarkt-Ketten der USA.

Er regte sich niemals auf. Seine Haushälterin konnte sich nicht erinnern, daß sie jemals ein lautes oder unfreundliches Wort von ihm gehört hatte. Aber jetzt war Curtis Brown wirklich ungehalten.

„Jane", sagte er, „ich habe doch gebeten, daß Sie meine Taschen nachsehen sollen, bevor Sie meine Anzüge zur Reinigung geben! Wie konnte es passieren, daß mein Glöckchen in der Tasche blieb! Ich möchte, daß Sie sofort bei der Reinigung anrufen – man soll dort nachsehen und das Glöckchen gleich herbringen."

Mr. Brown ging aus dem Zimmer und schlug die Tür hinter sich zu. So etwas war in dem großen vornehmen Haus am Sunshine Square nur selten geschehen und rief bei Jane einen gewissen Schrecken hervor. Zwar fand sie es albern, wie Mr. Brown an diesem alten, halbverrosteten Glöckchen hing, das er immer in der Jackentasche bei sich trug – aber es mußte wohl seine Bedeutung haben, wenn er deshalb so aus der Fassung geriet.

Sie rief sofort bei der Reinigung an, und zum Glück hatte man die kleine Glocke, die nur so groß wie eine Haselnuß war, in der Anzugtasche gefunden. Unter normalen Umständen hätte man ihr keine Aufmerksamkeit geschenkt und sie weggeworfen – aber bei einem Anzug von Mr. Brown… Man hatte das Glöckchen sorgfältig in eine kleine Plastiktüte gesteckt, die mit *Mr. Brown* beschriftet wurde.

Als Jane jetzt anrief, war das Plastiktütchen griffbereit, und auf ihre Anweisung hin wurde es einem Taxifahrer übergeben, der es innerhalb weniger Minuten an den Sunshine Square brachte.

Jane öffnete die Haustür, kaum daß der Fahrer geklingelt hatte. Sie bezahlte ihn und ging gleich zum Ankleidezimmer im ersten Stock. Zaghaft klopfte sie an die Tür, denn Mr. Browns Zorn steckte ihr noch in den Knochen. Seit über zwanzig Jahren führte sie der Familie Brown den Haushalt, und so etwas war noch nie vorgekommen.

Mr. Curtis Brown schien sich wieder in der Gewalt zu haben, denn er rief in seinem gewohnten Ton „Come in", so daß Jane einigermaßen beruhigt ins Ankleidezimmer ging.

„Hier ist Ihre Glocke", sagte sie und hielt Mr. Brown das kleine Plastikpäckchen hin.

„Gott sei Dank", er lächelte, „sie hätte die chemische Reinigung vermutlich nicht überstanden!" Er nahm das Glöckchen aus der Plastiktüte und steckte es wie gewohnt in seine Jackentasche. „Kommen Sie, Jane", sagte er herzlich und legte ihr den Arm um die Schulter, „ich erzähle Ihnen, was es mit dieser Glocke auf sich hat. Ich schlage vor, wir gehen nach unten in die Bibliothek und genehmigen uns einen Sherry auf den Schrecken. Dabei erzähle ich Ihnen die Geschichte."

Jane war froh, daß Mr. Brown wieder so ruhig und gelassen wie immer war. Und sie war glücklich darüber, daß sie mit ihm in der Bibliothek sitzen sollte und ihm zuhören durfte. Sie liebte den Duft der Ledersessel und des gebohnerten Parkettbodens und den Anblick der langen Bücherreihen, die bis an die Decke reichten.

Curtis Brown schenkte Sherry ein; er setzte sich bequem in den Sessel, in dem er immer zu sitzen pflegte, und begann: „Diese Glocke nahm ich mir im Winter 1944 am Heiligen Abend. Sie war am Schlittengeläut eines Panjepferdchens in Rußland!" Er lehnte sich zurück und machte eine Pause, als ob er nachdenken müsse. Aber er wußte nicht genau, wie er dieser Amerikanerin, die keinen Krieg kannte, das Grauen schildern sollte, dem er damals entflohen war. Er drehte das Sherryglas nachdenklich in den Händen und beschloß, nicht von all dem Schrecklichen zu reden.

„Ich bin kein gebürtiger Amerikaner", fuhr er fort, „das wissen Sie. Ich bin in Deutschland geboren und mußte als Junge von fünfzehn Jahren im letzten Kriegsjahr an die russische Front. Als der Krieg schon fast verloren war, haben sie uns Jungs noch eingezogen. Ich kam vom Gymnasium direkt in die Hölle. Es war unbeschreiblich, aber davon will ich nicht reden. Ich war im September eingezogen worden; das Ereignis, von dem ich erzählen will, geschah im Dezember.

Unsere Einheit hatte drei russische Dörfer zerstört, bevor die Russen uns aufgerieben hatten. So nannte man es, wenn alle Männer einer Einheit gefallen waren. Auf einem schmalen Weg in Schnee und Eis hatten die Russen uns überfallen und alle meine Kameraden erschossen. Ich hatte mich flach hingeworfen, und so haben sie mich ebenfalls für tot gehalten.

Es war furchtbar. Ich konnte nicht mehr klar denken vor Entsetzen und vor Kälte. Der Krieg, in den man mich geschickt hatte, hatte mich überwältigt, und ich blieb einfach liegen. Ich dachte, dies sei das Ende.

Plötzlich hörte ich Geläut wie von kleinen Glocken. Und in der verzweifelten Hoffnung, daß alles, was geschehen war, nur ein böser Traum sei, hob ich den Kopf. Da hörte das Geläut auf. Ich öffnete die Augen und sah Pferdehufe neben mir. Als ich den Kopf drehte, sah ich, daß das Pferd einen Schlitten gezogen hatte, der jetzt neben mir hielt.

Ein Mann stieg vom Schlitten. Er trug keine Stiefel, seine Füße waren mit Lappen umwickelt. Seine Felljacke war abgetragen und schäbig, und die Ledermütze auf dem Kopf war grau und speckig vom Alter. Auch der Mann war alt. Er hatte einen dichten kurzgeschnittenen Bart und das etwas grob geschnittene Gesicht russischer Bauern. Aber in dem breiten Gesicht blitzten freundliche Augen, die mich jetzt aufmerksam und erschrocken anblickten.

Der Mann beugte sich herab; er berührte mich am Arm und versuchte, mich hochzuziehen. Willenlos erhob ich mich, und der Mann bedeutete mir hastig, in den Schlitten zu steigen.

Nicht auf den Kutschbock, gab er mir mit Gesten zu verstehen, sondern hinten auf die Ladefläche. Dort lagen knüppelige Äste, die er wohl aus dem Wald geholt hatte. Er räumte einige Äste zur Seite, so daß ein schmaler Platz auf dem Schlittenboden für mich frei wurde. Dort legte ich mich hin, und der Bauer häufte die Äste auf mich.

Dann murmelte er ein paar Worte, die ich nicht verstand, die aber freundlich und beruhigend klangen; bald trabte das Pferdchen an, und ich hörte wieder das Schlittengeläut.

Wir fuhren vielleicht eine halbe Stunde, dann merkte ich, daß wir in einem Dorf waren. Durch die Ritzen des hölzernen Schlittens sah ich Hütten und Licht in den Fenstern, denn es war dunkel geworden. Der Schlitten nahm eine scharfe Kurve, und gleich darauf hielt er an.

Mir war eiskalt auf dem Schlittenboden; aber nicht nur deshalb blieb ich regungslos liegen. Ich wußte ja nicht, wo wir waren. Ich hörte Flüstern, die Stimme einer Frau und bald darauf das Klappen von Türen. Ein paar Minuten später wurden die Äste von mir geräumt, das freundliche Gesicht des Mannes tauchte über mir auf, und er bedeutete mir, aufzustehen und mit ihm zu kommen.

Das war gar nicht so leicht, denn ich war ganz steif vor Kälte. Schwerfällig stieg ich vom Schlitten und taumelte hinter dem Mann in eine Hütte. Das war der Stall des Pferdes, das schon ausgeschirrt hier stand. Es hatte eine Decke über dem dampfenden Fell und fraß Heu.

Der Stall war klein. Er hatte wohl Platz für drei Pferde, aber jetzt stand nur noch dieses eine hier. Vielleicht waren die anderen für den Kriegsdienst eingezogen worden, dachte ich. Der Bauer zeigte auf einen alten Armeemantel, der neben dem Pferd lag, und ich setzte mich darauf. Er legte mir eine Pferdedecke um die Schultern und hielt einen Finger an die Lippen. Ich hätte sowieso nichts gesagt; ich hatte große Angst.

Der alte Mann ging und nahm die Petroleumlampe mit sich, die den Stall notdürftig erhellt hatte. Jetzt war es stockdunkel. Nichts war zu hören, nur das Mahlen der Pferdezähne, die das Heu kauten.

Nach einiger Zeit ging die Tür auf, und mit dem Bauern kam eine Frau herein. Sie hatte eine Schüssel Suppe auf einem Tablett, dazu dunkles Brot und Tee. Sie sah abweisend aus und stellte das Tablett wortlos neben mir auf den Boden. Endlich sah sie mich an und sagte wie erstaunt ein paar Worte zu ihrem Mann. Sie lächelte traurig und strich mir mit der Hand über den Arm. Kopfschüttelnd und leise murmelnd ging sie aus dem Stall.

Ich blieb zwei Tage in diesem Stall bei dem Panjepferd. Wenn es sich hinlegte, schmiegte ich mich eng an seinen Rücken; dann wurde mir etwas wärmer.

Es war ein sehr nettes Pferd. Ein Panjepony, wie man so sagt. Vermutlich hatte es keine edlen Vorfahren, aber es war ehrlich und stark. Obwohl es mich nicht kannte, duldete es mich so nahe neben sich und wärmte mich.

Am Abend des zweiten Tages kam der alte Mann mit einem Mönch in den Stall. Ich hatte schon auf Fotografien russische Mönche gesehen; daher wußte ich, daß dies ein Mönch sein mußte.

Der Mönch sprach mich in deutsch an: ‚Du brauchst keine Angst zu haben, Junge. Wir wollen dir helfen!‘

Als er mein erstauntes Gesicht sah, lächelte er. ‚Du wunderst dich, daß ich deutsch spreche? Ich habe in Danzig studiert, als unsere Völker noch Freunde waren. Die Leute hier wollen dir helfen, nach Hause zu kommen. Sie haben auch einen Sohn in deinem Alter, der kämpft irgendwo gegen die Deutschen. Sie hoffen, daß auch ihm jemand hilft, wenn er in Not ist. Heute ist Weihnachten‘, fuhr er fort. ‚Da gibt es wohl keine Militärpatrouillen. So ist heute ein guter Tag für deine Flucht.‘ Und dann erklärte er mir, wie die Bauern es geplant hatten.

Ein paar Kilometer von diesem Dorf entfernt verlief die

deutsche Front. Ganz nahe – noch auf russischem Gebiet – wohnte der Bruder des Bauern. Dorthin fuhr er oft, das Panjepferdchen kannte den Weg.

,Du brauchst überhaupt nichts zu tun', sagte der Mönch zu mir. ,Wenn das Pferd erst auf dem Weg ist, bringt es dich sicher hin. Am Dorfrand drehst du den Schlitten um, legst die Leine auf den Kutschbock, und es wird wieder nach Hause laufen. Sprich unterwegs mit niemandem und halte nicht an; sonst könnte man merken, daß du kein Russe bist. Hier, die sind für dich!' Er nahm der alten Frau, die mich freundlich und traurig anschaute, ein paar Kleider vom Arm. Es waren eine dicke wattierte Hose, eine Strickjacke, eine Lederweste und so eine Ledermütze, wie der alte Mann sie trug.

,Zieh das an; es gehört dem Sohn der Bauern hier. Darin wird man dich für einen Russen halten. Wenn man den Schlitten anhalten will, treibe dein Pferd an und ruf ›Keine Zeit, ich muß zur Kirche‹!'

Der Mönch sagte mir diese Worte auf russisch. Ich habe sie vergessen; aber damals ließ er sie mich so oft nachsagen, bis ich sie fließend sprechen konnte.

Ich zog die Kleidung des jungen Russen an, der Bauer brachte inzwischen das Pferdchen aus dem Stall. Es wurde vor den Schlitten gespannt, ich konnte das am leisen Geläut des Schellenkranzes hören.

Dann segnete die Frau mich. Mit der Hand schlug sie das russische Kreuz mit dem Doppelbalken über mir. Seltsam, ich war gar nicht verlegen deshalb, obwohl wir zu Hause nie in die Kirche gingen. Die Bäuerin gab mir noch ein in Leinen gewickeltes Päckchen und machte die Geste des Essens. Später stellte ich fest, daß sie Speck und Brot eingepackt und auch ein kleines Messer nicht vergessen hatte, mit dem ich den Speck schneiden konnte.

Draußen war es stockdunkel. Die Nacht war eiskalt und sternenklar. Der Schnee lag über einen Meter hoch; der Weg war ausgefahren, und rechts und links türmten sich hohe Schneewände.

‚Du mußt durch vier Dörfer fahren‘, sagte der Mönch zu mir. ‚Nur dann mußt du die Leinen aufnehmen, sonst läuft dein Pferd von selbst. Es hat Hafer bekommen in den letzten beiden Tagen, damit es Kraft hat und gut läuft.‘

Er lächelte und sagte dem Bauern ein paar russische Worte. Der alte Mann nickte.

Ich stieg auf den Kutschbock, während der Bauer das Panjepferd festhielt, das ungeduldig mit den Vorderhufen scharrte.

Dann bedeutete mir der Mönch, daß ich die Leinen in die Hand nehmen sollte. ‚Laß sie die erste Zeit nicht los‘, sagte er lachend, ‚russische Pferde haben Feuer in Winternächten!‘

So wie die Bäuerin machte auch er das Kreuzeichen über mir, und als ich mich bedanken wollte, ließ der Bauer den Kopf des Pferdchens los. Es machte einen Satz und trabte von der Stelle aus an, so daß ich fast vom Kutschbock gefallen wäre. Von dem Dorf, das ich jetzt verließ, sah ich nichts, so schnell ging die Fahrt. Nur ein paar Lichter erhaschte ich im Vorbeifahren, das waren wohl Fenster der Hütten.

Dann ging es in die Dunkelheit. Endlos schien das kleine Pferd zu traben, immer den ausgefahrenen Weg entlang; und es schien genau zu wissen, wohin es ging.

Nach langer Zeit tauchten die Lichter eines Dorfes auf, und ich versuchte das Pferd zu zügeln. Tatsächlich verstand es, was ich von ihm wollte, und mäßigte sein Tempo. Durchs Dorf fuhren wir in langsamem Trab.

Ich sah keinen Menschen, aber ich konnte Gesang aus den kleinen ebenerdigen Häusern hören. Und durch eine offenstehende Haustür sah ich durch den Flur bis zum hell brennenden Herdfeuer. Das war aber nur ein Augenblick, dann waren wir vorbei und ließen das Dorf hinter uns.

Das Pferdchen trabte Kilometer um Kilometer, und manchmal dachte ich, das Ganze sei nicht wirklich, ich träumte alles nur. Wo war der Krieg? Wo waren die Kanonen, die Panzer, die Geschütze? Die verwundeten, stöhnenden Männer und die scharfen Kommandos der Offiziere?

Ich fuhr durch eine glitzernde Winternacht, hoch über mir ein Sternenhimmel, wie ich ihn noch nie gesehen hatte, vor mir das Pferd und das Geläut der Schlittenglocken. Und immer, wenn ich durch ein Dorf fuhr, hörte ich Gesang und sah Licht in den Häusern.

Als wir uns dem vierten Dorf näherten, hörte ich schon aus der Ferne das Läuten von Kirchenglocken und sah den Schein vieler Pechfackeln.

Ich wollte das Pferdchen anhalten und von weitem abwarten, bis die Leute in der Kirche waren; aber das Pferd schüttelte ungeduldig den Kopf, es stieg sogar, so daß ich die Leinen locker lassen mußte. Dann trabte es ganz gleichmäßig weiter, und die Schlittenglöckchen bimmelten im Takt.

Die Leute im Dorf hörten uns kommen und schwenkten ihre Fackeln, als ich durch die Dorfstraße fuhr. Sie waren alle dick vermummt. Die Frauen hatten ihre wollenen Kopftücher bis an die Augen gezogen, die Männer hatten die Ohrenklappen ihrer Ledermützen heruntergeklappt, damit sie vor dem eisigen Wind geschützt waren.

Ich sah ihre freundlichen, lachenden Gesichter, und sie

riefen mir etwas zu, wovon ich nur das Wort ‚Christos‘ verstand.

Ich winkte zurück und nickte und hatte plötzlich gar keine Angst mehr. In diese unwirkliche Weihnachtsnacht war Fröhlichkeit gekommen! Übermütig nahm ich die Mütze vom Kopf und schwenkte sie, und die Männer schwenkten ihre Mützen auch und riefen mir etwas nach, während mein Pferdchen aus dem Dorf trabte.

Im nächsten Dorf würde ich mich von ihm trennen müssen, dann würde es – hoffentlich – nach Hause zurücklaufen. Während ich auf das Dorf zufuhr, wurde ich fast ein bißchen traurig. Ich hätte noch ewig so durch die Winternacht fahren können, weit fort von Schrecken und Krieg – mit einem eifrig trabenden Pferd vor dem Schlitten, dazu Glockengeläut im Takt seines Trabes und warm eingehüllt in dicke Wolle und Leder.

Ich schaute noch einmal um mich, als ich mich dem Dorf näherte. So friedlich war die weiße Schneenacht – ich hatte noch niemals so eine Weihnachtsnacht erlebt und wußte, daß ich sie nie vergessen würde.

Schneller als ich dachte, waren wir am Dorfrand. Hier waren wohl alle Bewohner in der Kirche, denn im Näherkommen sah ich keinen Menschen auf der Straße. Noch vor dem Dorf sprang ich aus dem Schlitten und lief nach vorn zum Kopf des kleinen Pferdes. Als ich neben ihm stand, hielt es an, und das Schlittengeläut verstummte.

Plötzlich war es unheimlich still in der Winterlandschaft. Ich strich dem Pferdchen übers Fell und merkte, daß es verschwitzt war. So ging ich nach hinten und legte ihm einige leere Säcke über, die auf der Ladefläche des Schlittens lagen. Notdürftig befestigte ich sie mit klammen Fingern am Geschirr. Auch wenn sie nicht lange halten würden, dachte ich, für einige Zeit würden sie dem kleinen Pferd doch ein bißchen Wärme geben.

Dann öffnete ich das in Leinen gewickelte Päckchen, das die Bäuerin mir gegeben hatte, und fand das Brot und den Speck, dazu das Messer. Ich schnitt das Brot durch, aß selbst gierig einige Stücke und gab dem Pferd auch seinen Anteil. Sorgfältig nahm es die Brocken von meiner Hand.

Ich sah es zum ersten Mal richtig an. Im Stall war es so dunkel gewesen, daß ich nichts hatte erkennen können. Das kleine Pferd hatte ein liebes freundliches Gesicht, seine Augen waren groß und klar und blickten ruhig und zutraulich. Die Nüstern waren weit geöffnet, das Pferd atmete schnell; aber nach ein paar Minuten hatte es sich ein wenig beruhigt, und sein Atem ging gleichmäßiger. Ich packte das restliche Brot und den Speck wieder ein und steckte das Päckchen in die Jackentasche. Dann ging ich zum Kutschbock und verknotete die Leinen lose an dem Peitschenhalter, in dem gar keine Peitsche steckte.

Ich nahm das kleine Pferd am Kopfstück und drehte es um in die Richtung seiner Heimat. Es blickte mich ruhig an und blieb stehen.

Es war wunderbar still um uns. Wir waren allein in einer unwirklichen Landschaft aus Schnee, Mondlicht und Sternen. Plötzlich erklangen die Glocken der Dorfkirche. Ich erschrak und wollte dem Pferdchen schon einen Klaps geben, damit es losliefe, als mir etwas einfiel. Schnell nahm ich das Messer und schnitt eine von den kleinen Schlittenglocken ab. Dann gab ich dem Pferdchen einen Klaps auf die

Hinterhand, und als es sofort und eifrig antrabte, rief ich ihm nach: ‚Komm gut heim! Und danke!‘

Endlich ging ich zögernd auf das Dorf zu. Ich wartete, bis die Leute aus der Kirche kamen, bis sie in ihren Häusern waren und das fröhliche Gelächter auf der Dorfstraße verstummt war. Erst dann traute ich mich ins Dorf und ging weiter geradeaus. Ich ging die ganze Nacht, verschlief den nächsten Tag in einer Scheune und lief in der nächsten Nacht weiter.

Irgendwann war ich hinter der Front und kam in ein deutsches Dorf. Die Lehrersleute dort versteckten mich im Keller, bis der Krieg im Mai zu Ende war. Hätten die Deutschen mich entdeckt, wäre ich als Deserteur erschossen worden.

Die Glocke habe ich seitdem immer bei mir getragen. Sie soll mich daran erinnern, daß man auch seine Feinde lieben kann, daß Sieg nicht alles ist, und daß es besser ist, einem hilflosen Menschen zu helfen als ihn einfach liegen zu lassen.“

Curtis Brown trank seinen Sherry aus und schrak zusammen, als die Uhr im Vestibül schlug. „Elf Uhr, Jane“, sagte er etwas verlegen, denn er war es nicht gewohnt, so lange zu erzählen.

Jane schwieg. Endlich fragte sie leise: „Haben Sie von dem Mönch und den Bauern, die Sie gerettet haben, noch einmal etwas gehört?“

„Nein“, Mr. Brown stand auf und ging ans Fenster. Er schaute auf das quirlige Leben am Sunshine Square. „Jahre später habe ich versucht, dieses russische Dorf wiederzusehen. Aber ich konnte es nicht mehr finden. Ich weiß nicht, in welche Richtung ich in jener Weihnachtsnacht gefahren bin. Hätte ich mich damals mit den Sternen ausgekannt, wüßte ich es. So habe ich nie herausfinden können, in welchem Dorf die Bauern lebten, die mich damals retteten, und durch welche Dörfer ich in jener Weihnachtsnacht mit dem Panjepferdchen gefahren bin. Aber ich werde diese Nacht nie vergessen, sie hat mein Leben geprägt. So viel Fröhlichkeit und Hilfsbereitschaft wie bei diesen armen Bauern habe ich an keinem anderen Weihnachtsfest seitdem mehr erlebt."

Jane dachte an die große Tanne, die in jedem Jahr im Flur des Hauses stand und bis in den ersten Stock reichte, an die Bescherung der Kinder und Enkel von Mr. und Mrs. Brown und an den anschließenden großen fröhlichen Weihnachts-Ball. Sie hatte dieses Fest immer als wunderbar empfunden; aber plötzlich spürte sie, wie anders es war, verglichen mit der Fahrt des jungen Mannes mit dem kleinen Panjepferd. Damals, in der Weite Rußlands, in einer anderen Weihnachtsnacht.

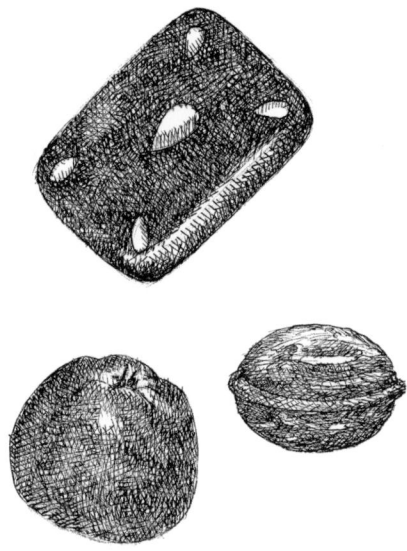

Nachts am Straßenrand

Manni war nicht unbedingt das, was man einen Tierfreund nennen würde. Nicht, daß er Tiere nicht mochte – aber er kannte sie nicht, denn er hatte noch nie etwas mit einem Tier zu tun gehabt.

Ein Hund oder eine Katze wären in seinem Elternhaus undenkbar gewesen. Seine Mutter hätte Krämpfe bekommen wegen der Tierhaare! Nicht, weil sie gegen sie allergisch war, sondern weil sie nirgends auch nur das kleinste Stäubchen duldete. Alles wurde immer blitzsauber geputzt.

Manni konnte sich nicht vorstellen, daß sie es überlebt hätte, wenn ein Hund mit schmutzigen Patschepfoten durchs Haus gegangen wäre. Manni hatte als kleiner Junge einmal den Wunsch nach einem Hund ausgesprochen. Aber er hatte nicht die geringste Chance, diesen Wunsch mehr als einmal auszusprechen. Und später hatte er dann andere Interessen.

Vor allem interessierte er sich für Motorräder. Seit einem Jahr besaß er selbst ein Motorrad, und das liebte er mehr als alles andere. Mit seiner Maschine loszudüsen – das war das Höchste für Manni. Seitdem er das Motorrad besaß, hatte er sich zum Entsetzen seiner Mutter auch die Haare länger wachsen lassen. Er trug zerrissene Jeans und Rockerwesten und räumte sein Zimmer nicht mehr auf. Irgendwann hatte es deswegen zu Hause einen Riesenkrach gegeben, aber

Manni hatte gesiegt. Seitdem sah sein Zimmer stets aus wie ein Schlachtfeld.

Nur sein Motorrad war immer glänzend gepflegt und geputzt. War er durch den Regen gefahren, so säuberte er es gründlich und sorgfältig in der Garage, fettete alle rostgefährdeten Stellen ein und trug Rostschutz auf. Mit stiller Wut sah seine Mutter, wie Manni Stunde um Stunde die Maschine polierte, während man die Sachen in seinem Zimmer nur noch mit dem Kompaß finden konnte, wie sie sagte.

Heute abend jedoch hatte Manni nachgegeben. Am Heiligen Abend mochte er nicht wie ein Rocker zum Abendessen erscheinen. Er trug einen richtigen Anzug, seine Hände waren sauber, und sein langes Haar war glänzend gebürstet. Trotzdem fand er, daß es ein stinklangweiliger Abend war. Doch er hatte bis zehn Uhr durchgehalten. Dann hatten auch Mannis Eltern von der aufgesetzten Feierlichkeit genug, und er war endlich erlöst.

„Ich bin noch mal weg", sagte er, bevor er aus dem Wohnzimmer ging und übersah geflissentlich die fragenden Gesichter seiner Eltern. Wahrscheinlich meinen sie, ich müßte jetzt ins Bett gehen, dachte er genervt. Er zog seinen Anzug aus und endlich wieder seine geliebten Motorradklamotten an. Leise ging er die Treppe hinunter, damit die Eltern ihn nicht hörten, und schob ebenso leise das Motorrad aus der Garage bis zur Straßenecke. Die Eltern würden es nicht verstehen, daß er jetzt noch in die Disco fahren wollte, zumal bei dem Schneetreiben. Aber er hatte einfach keine Lust zu langen Erklärungen. An der Straßenecke fuhr er los und wunderte sich einen Moment darüber, daß heute abend ganz wenig Verkehr war.

Manni fuhr durch die Siedlung und bog auf die Schnellstraße ein. Endlich war richtig Platz: Er ließ die Maschine bis zur nächsten Ausfahrt auf vollen Touren laufen. Dann fuhr er auf die Landstraße und freute sich auf seine Freunde in der Disco im Nachbardorf. In ein paar Minuten würde er da sein. Er fuhr an der alten Molkerei vorbei, an dem Reifenlager und der Pferdeweide; und dann sah er schon die Lichter der Discothek.

Plötzlich bremste er. Irgend etwas stimmte nicht! Er hatte etwas gesehen, das nicht so war wie sonst. Was konnte es sein? Manni schüttelte heftig den Kopf, wie um ihn klar zu bekommen. Und da fiel es ihm ein: An der Pferdeweide standen die Pferde nicht wie sonst dösend am Zaun oder lagen schlafend da – ein Pferd hatte mit einem Bein im Zaun gehangen. Im Stacheldrahtzaun! Manni wurde es siedendheiß. Ohne Rücksicht auf seine Maschine wendete er sie auf dem vom Schneematsch aufgeweichten Weg und raste wieder zurück.

Tatsächlich: Da lag das Pferd im Stacheldraht und schlug mit den Beinen, und mit jeder Bewegung schnitt sich der Stacheldraht tiefer ins Fleisch. Blut tropfte in den Schnee.

Manni war wie erstarrt. Zwar hatte er jede Menge Westernfilme gesehen – aber so etwas kam in denen nicht vor, oder die Cowboys erlösten so ein Pferd durch einen Schuß. Außerdem war er noch nie so nahe bei einem Pferd gewesen, riesengroß erschien es ihm jetzt.

Er überlegte fieberhaft. Dann warf er seine Maschine zum zweiten Mal herum und fuhr in vollem Tempo zur Disco.

Wie der Wilde Reiter kam er durch die Tür gestürmt. Er sah Biggi und Mac und die anderen und stieß hervor: „Da unten an der Straße, da hat sich ein Pferd im Stacheldraht verfangen!"

„Na und?" Biggi hob ihm sein Bierglas entgegen. „Prost Weihnachten, Manni!"

Manni war fassungslos. „Kapier doch, Mann, es hängt im Stacheldraht!"

„Ist das dein Pferd?" fragte Biggi. „Oder warum regst du dich auf?"

Manni starrte ihn sprachlos an. „Sag mal, hast du den Kopf noch auf?" fuhr er ihn an. „Das ist ein Pferd! Ist doch total egal, ob es meins oder deins oder wem seins ist! Wir müssen ihm helfen!"

„Ich nicht", sagte Biggi und wandte sich zum Spielautomaten. „Ich hab heute Weihnachten und damit Schluß!"

Manni schaute sich hilflos um – war hier denn niemand, der helfen wollte? Er ging zum Wirt an die Theke. „Wissen Sie, wem die Pferde da hinten gehören?" fragte er.

Aber der Wirt schüttelte nur gleichgültig den Kopf.

Da ging Jo auf ihn zu. Ausgerechnet Jo, der nur ein

mickriges Mofa hatte und in der Clique nur geduldet wurde, weil er nie widersprach. Jo mit den blassen blauen Augen und den weizenblonden, kurz geschnittenen Haaren, über die sie sich alle regelmäßig lustig machten. Jo, der für sie immer nur der Laufbursche war.

„Komm, wir fahren hin", sagte er. „Ich hab eine Zange in meiner Werkzeugtasche, damit schneiden wir das Pferd erst mal los!"

Manni war dankbar, daß wenigstens einer reagierte. „Wir fahren mit meiner Maschine" sagte er.

Aber Jo schüttelte den Kopf. „Nein, ich fahre mit meinem Mofa hinterher. Vielleicht muß einer den Tierarzt holen und einer bei dem Pferd bleiben. Dann ist es besser, wenn wir zwei Maschinen haben."

„Vergeßt das Lasso nicht!" rief Biggi ihnen höhnisch nach, als sie hinausgehen wollten.

Jo blieb stehen. „Danke, das ist ein guter Tip", sagte er zu dem verdutzten Biggi. „Daran hätte ich gar nicht gedacht!" Und als sie draußen vor der Disco waren, sagte er zu Manni: „Warte, ich hole noch ein Seil!" Er verschwand hinterm Haus und kam mit einem langen Seil über der Schulter zurück.

„Was willst du denn damit?" rief Manni verständnislos.

Aber Jo erwiderte knapp: „Seile kann man immer brauchen. Los!" Sie fuhren zu der Weide.

Manni kam als erster an und stellte seine Maschine so, daß der Scheinwerfer das Pferd beleuchtete. Es lag apathisch da. Aber als Manni an den Zaun kam, fing es in Panik an zu treten und zu strampeln und fügte sich neue Wunden zu.

Erschrocken trat Manni zurück, aber da war Jo auch schon da. „Laß mich mal machen", sagte er. Langsam ging er auf das Pferd zu. Er sprach es mit ruhiger Stimme an, sprach sanft und beruhigend weiter – und tatsächlich hörte das Pferd auf zu zappeln. Die wilde Panik in seinen Augen wich stumpfer Resignation. Wieder lag es apathisch da.

„Wir müssen den Zaun durchschneiden", erklärte Jo. „Aber der Stacheldraht hat sich auch um das Bein gewickelt, der muß jetzt runter. Und einer muß das Pferd halten, damit es nicht vor Angst weg will. Weiter hinten auf der Weide sieht man im Dunkeln nichts mehr!"

Er nahm sein Taschenmesser heraus und schnitt ein langes Stück Seil ab. „Daraus werden wir ein Halfter machen, dann können wir das Pferd festhalten", sagte er. „Und den Rest spannen wir hier vor den Stacheldraht, sonst laufen die anderen Pferde vielleicht auf die Straße. Komm, mach schnell!"

Gehorsam nahm Manni das eine Ende des Seils und wickelte es um einen Zaunpfahl, während Jo langsam an dem Pferd vorbei zu dem anderen Zaunpfahl ging und das Seil um ihn schlang.

„Noch mal zurück, das reicht zur Not", sagte er und ging wieder an dem Pferd vorbei, während er beruhigend zu ihm redete.

„Ich klettere da hinten durch den Stacheldraht und lege dem Pferd das Seil um den Kopf. Du mußt den Draht durchschneiden, wenn ich es sage. Aber paß auf, er ist stramm, der flitscht weg, wenn du ihn durchschneidest. Nicht, daß er dich auch noch erwischt!"

Vorsichtig stieg er durch den Stacheldrahtzaun. Mittlerweile waren die anderen Pferde nahe herangekommen und schauten interessiert und aufmerksam zu.

Jo schob ihre Köpfe beiseite. „In Ordnung, Jungs. Ist ja gut, im Moment habe ich für euch keine Zeit!" Er beugte sich zu dem liegenden Pferd und streichelte seinen Kopf.

Leise sprach er zu dem schwer atmenden Tier.

Manni bewunderte ihn, daß er offenbar gar keine Angst hatte.

Jetzt hob Jo den Kopf des Pferdes hoch und schob das Seilende darunter, dann verknotete er das Seil geschickt am Kopf.

„Sieht böse aus", stellte er fest, „von hier aus kann man es richtig sehen. Das Pferd ist kurz vorm Verbluten; da muß eine Schlagader getroffen sein. Schneid jetzt den Draht durch. Aber paß auf!"

Manni nahm die schwere Zange in die Hand und hielt den Stacheldraht an einer Seite fest. Es gab ein scharfes Geräusch, als die Schere den Draht durchschnitt, dann hieb Manni der Stacheldraht übers Gesicht. Er schrie kurz auf, als er den Schmerz fühlte, aber dann fuhr er schnell mit der Hand über die Wange, um das Blut wegzuwischen.

„Die andere Seite vom Draht!" rief Jo. „Mach schnell! Ich kann das Pferd sonst nicht mehr halten!"

Das Pferd trat mit dem freien Hinterbein um sich und versuchte loszukommen. Aber noch lag der Draht wie eine Schlinge um das Bein.

Manni kroch durch den Zaun. Haarscharf schlug der Pferdehuf an seiner Schulter vorbei. Mit den Händen griff er in den Stacheldraht und hatte sofort viele kleine Wunden. Er merkte es gar nicht. Mit einer Hand packte er das Pferdebein, mit der anderen schnitt er den Draht durch.

Sofort versuchte das Pferd, auf die Beine zu kommen, aber die Hinterbeine versagten ihm den Dienst. Es rutschte und versuchte sich aufs neue hochzustemmen, dabei drückte es Manni in seiner Todesangst in den Stacheldrahtzaun, so daß er nur mit knapper Not den schlagenden Hufen ausweichen konnte.

Keuchend stand er da, als sich das Pferd endlich auf-
gerichtet hatte. Es zitterte heftig und schwankte, das Blut
lief pulsierend aus seinem Bein.

„Du lieber Gott", rief Jo erschrocken. „Das muß sofort
abgebunden werden, sonst verblutet das Pferd hier auf der
Stelle!"

Automatisch nahm Manni sein Halstuch ab und sagte:
„Gib mir deins auch!" Dann machte er aus seinem Halstuch
ein festes Polster, das legte er auf die Ader oberhalb der
Wunde. Jos Halstuch wickelte er darum, so fest er konnte.
Und tatsächlich hörte der Blutstrom auf.

Die beiden Jungen sahen sich erschöpft an.

„Und jetzt?" fragte Manni.

„Wir müssen einen Tierarzt holen", sagte Jo, „so schnell
wie möglich!"

„Am Heiligen Abend!" Manni verzog die Lippen. „Da
kommt doch keiner. Außerdem, ich kenne auch keinen!"

„Ich aber", Jo strich dem immer noch zitternden Pferd
sacht über den Hals und murmelte etwas Besänftigendes.
„Drei Häuser hinter der Disco ist einer!" sagte er dann. „Da
war vorhin auch Licht, also ist er da. Fährst du hin?"

Ehe Manni wußte, was er sagte, platzte er heraus: „Nein,
fahr du! Ich kenne den ja nicht. Du kannst meine Maschine
nehmen, die ist schneller!"

„Okay!" Jo drückte Manni den Strick in die Hand, dessen
anderes Ende am Pferdekopf befestigt war. „Paß auf, daß das
Pferd hier im Lichtschein bleibt. Die Weide ist groß, sonst
finden wir euch nicht!" Er kroch durch die Seile, die jetzt
das Loch im Stacheldraht verschlossen. Dann ging er auf das
Motorrad zu und startete die große Maschine, als hätte er sie
schon oft gefahren.

Plötzlich begriff Manni, was er vorgeschlagen hatte. Halt,

wollte er rufen. Meine Maschine! Und: Laß mich doch hier
nicht allein! Aber Jo war schon verschwunden.

Manni hörte noch das gleichmäßige Brummen der schweren Maschine, als das starke rote Rücklicht schon nicht mehr
zu sehen war.

Der Lichtschein des Mofas war nur
schwach, und Manni fror vor Angst
und Aufregung. Hier war er allein im
Schneetreiben auf einer fremden Weide,
inmitten einer Herde von Pferden,
und ein schwer verletztes Pferd
war in seiner Obhut!

Ein Tier, mit dem er sich nicht verständigen konnte, weil er
nicht wußte, wie man mit Pferden redet. Was sollte er machen,
wenn es nach ihm schlagen würde? Wie sollte er es festhalten,
wenn es wegrennen würde? Oder was geschähe, wenn die
anderen Pferde auf ihn losgingen? Wilde Gedanken fuhren
durch seinen Kopf, kalter Schweiß brach ihm aus.

Aber das Pferd ging nicht auf ihn los; es wollte auch nicht
weglaufen. Langsam und wie hilfesuchend wandte es den
Kopf, und Manni hob zögernd die Hand, um es am Hals zu
streicheln, so wie Jo es gemacht hatte. Der Hals war feucht
von dem Matsch, in dem das Pferd gelegen hatte. Oder ist es
Schweiß? überlegte Manni.

Da spürte er einen warmen Hauch im Nacken, und als er
sich umdrehte, sah er in die dunklen Augen eines der anderen Pferde. Er wollte zur Seite gehen, aber dann hätte das
verletzte Pferd mitgehen müssen, und so blieb er stehen. Das
andere Pferd beschnupperte ihn neugierig; und als Manni es
noch einmal anschaute, sah er, daß seine Augen ganz freundlich blickten. Sofort verlor sich sein Unbehagen, er streckte
die Hand aus und berührte weiche, warme Nüstern.

64

Dann hatten auch die anderen Pferde ihn umringt und drängten sich um ihn, aber ihre körperliche Nähe machte ihm jetzt keine Angst mehr. Er fühlte sich geborgen inmitten der Pferde, und auch das verletzte Pferd stand ruhig da.

Automatisch streichelte er hier über einen Hals, dort über eine Mähne oder eine Schulter. Und immer wieder sprach er mit dem verletzten Pferd.

„Ruhig, Pferd, ruhig", sagte er. „Der Doktor kommt gleich. Jo holt ihn gerade, es dauert bestimmt nicht mehr lange!" Einmal sah er flüchtig im Schein des Mofas, daß seine Hand, mit der er in den Stacheldraht gegriffen hatte, immer noch blutete, aber er nahm es kaum wahr. Er wußte, daß er im Moment nichts daran ändern konnte, und nahm es hin.

Es schien ihm, daß er endlos lange hier allein mit den Pferden war. Manchmal senkte das verletzte Pferd den Kopf tief zu Boden, dann nahm Manni den Kopf in den Arm und sagte: „Du mußt durchhalten, Pferd! Du darfst hier nicht sterben, wir wollen dir doch helfen! Sie sind schon unterwegs!"

Endlich hörte er Motorengeräusch. Und gleich darauf sah er die Lichter eines Autos. Es fuhr langsam an die Weide heran und wurde so gestellt, daß die Scheinwerfer voll auf die kleine Herde fielen.

„Alles in Ordnung?" rief eine Stimme.

„Ja, alles okay!" antwortete Manni. „Aber das Pferd hat viel Blut verloren!"

„Ich weiß", antwortete der Tierarzt. „Ihr Freund hat es mir erzählt. Ich habe ihn zu dem Besitzer der Pferde geschickt, er wird auch gleich hier sein!" Er kroch durch den Zaun und kam auf Manni und die Pferde zu.

Zutraulich gingen sie ihm entgegen, sie schienen ihn zu kennen.

„Na, meine Lieben", sagte der Arzt, „das sind ja schöne Sachen!" Er war ein großer hagerer Mann, der Manni um Kopfeslänge überragte.

„Marita", sagte er, indem er auf das verletzte Pferd schaute. „So ein Pechvogel! Aber es ist nicht ihre Schuld. Der verdammte Stacheldraht, der sollte verboten werden!" Er betrachtete das Halstuch, mit dem Manni die Wunde abgebunden hatte.

„Saubere Arbeit", sagte er und schaute Manni lächelnd an. „Sind Sie vom Fach? Sanitäter oder so was?"

Manni wehrte ab: „Nein, nein, Schüler!"

„Sauber, sauber", sagte der Tierarzt noch einmal.

Dann hörten sie das Geräusch eines schweren Wagens. Er parkte am anderen Ende der Weide.

„Da ist der offizielle Ausgang", sagte der Tierarzt spöttisch. „Da müssen wir hin mit dem Pferd!" Er nahm Manni den Strick aus der Hand und führte das Pferd langsam auf den Wagen zu.

„Da haben Sie aber Glück gehabt", sagte er zu dem Mann, der ihnen durch den Schneematsch entgegengestapft kam. „Wenn die beiden Jungen hier nicht gewesen wären, hätte Ihr Pferd morgen früh nicht mehr gelebt. Schauen Sie sich die Blutlache da hinten am Zaun an!"

Der Mann war blaß und aufgeregt. „Ich kann das nicht verstehen", stammelte er, „mir ist noch nie ein Pferd durch den Zaun gegangen!"

„Einmal ist immer das erste Mal!" sagte der Tierarzt. „Und einmal Stacheldraht ist einmal zuviel. Jetzt bringen wir Marita erst einmal in die Pferdeklinik und sorgen dafür, daß sie behandelt wird!"

Stumm nickte der Mann und machte die Klappe des Pferdetransporters auf. Automatisch ging das Licht im

Transporter an, und das Innere mit dem mit Stroh ausgelegten Boden sah warm und anheimelnd aus.

Ohne zu zögern ging die verletzte Stute auf die Rampe und stand still, während der Besitzer ihr ein richtiges Halfter anzog und sie festband. Die Klappe wurde hochgehievt und festgemacht, und der Mann hastete zum Führerhaus.

„Übrigens", der Tierarzt sprach gedehnt. „Sie sollten sich bei den beiden Jungen hier bedanken. Schließlich haben die Ihr Pferd gerettet!"

„Mach ich, mach ich morgen", entgegnete der Mann hastig. „Zuerst muß Marita in die Klinik!" Er kletterte ins Führerhaus und fuhr davon.

„Er ist ganz schön durcheinander", sagte der Tierarzt zu Jo und Manni. „Aber im Grund ist er in Ordnung. Nur eben vom alten Schlag – Stacheldraht und so. Aber ich bin sicher, daß hier ein neuer Zaun hinkommen wird. Er wird sich auch bestimmt morgen bei euch bedanken. Wie ich ihn kenne, wird er's mit einem Schinken und einer Flasche Cognac tun. Er ist nicht kleinlich!"

„Aber das ist nicht nötig", stotterte Manni. „Es war doch klar, daß wir dem Pferd geholfen haben!"

„Ach ja?" meinte der Tierarzt nur. „Da habe ich ganz andere Erfahrungen. Mancher wäre seelenruhig an dem Pferd vorbeigefahren oder hätte in aller Ruhe weiter sein Bier getrunken, auch wenn er alles gesehen hätte. Nein, Junge, das war großartig von euch!"

Manni dachte an Biggi und Mac und die anderen Kumpel… Inzwischen waren sie zu der Stelle zurückgegangen, an der Jos Mofa und der Wagen des Tierarztes standen.

„Ihr Motorrad steht bei mir", sagte der Tierarzt zu Manni. „Das können Sie abholen. Und dann verarzte ich Sie auch, das sieht ja schlimm aus!"

Manni fand das übertrieben. Doch als er im Sprechzimmer des Tierarztes in den Spiegel sah, erschrak er. Er hatte ganz vergessen gehabt, daß ihm der Stacheldraht die Wange aufgerissen hatte. Erst jetzt spürte er den Schmerz wieder. Und auch die Wunden an den Händen fingen plötzlich an zu pochen und weh zu tun.

„Stacheldrahtverletzungen", sagte der Tierarzt ernst. „Da ist kaum etwas sauber zu nähen. Da hilft nur ein guter Verband."

So kam es, daß Manni spät in der Nacht mit zerrissener Motorradkluft und Verbänden um den Kopf und um die Hand wieder nach Hause kam.

Den Heiligen Abend hatte er sich anders vorgestellt gehabt. Aber wenn er darüber nachdachte, war es trotz der Aufregung und der Angst um das Pferd doch unheimlich gut gewesen. Die zerrissene Lederjacke, die Wunden an der Wange und den Händen und auch die Kratzer im Lack seiner Maschine – all das war unwichtig gegen dieses Gefühl von Wärme, das er so noch niemals gespürt hatte. Er dachte sehnsüchtig daran, wie er inmitten der Herde gestanden hatte. Die warmen Körper der Pferde hatten ihn gewärmt und vor dem Schneetreiben geschützt. Ihr sanfter Atem war wie ein Hauch um ihn gewesen, und die Augen der Pferde hatten ihn voll Vertrauen angeschaut.

Trotz seiner Ungeschicklichkeit und der Unwissenheit, wie er mit diesen großen Tieren umgehen sollte, hatten sie ihn freundlich aufgenommen, ihn in seiner Unbeholfenheit verstanden – und ihm die Geborgenheit der Herde geschenkt.

Manni mußte über vieles nachdenken.

Das erste Weihnachten

Gunhild saß ganz hinten in einer Ecke des Stalles. Sie schmiegte sich dicht an ihre Stute und zitterte vor dem, was kommen sollte. Heute morgen hatte man ihr bedeutet, daß sie Svala putzen solle. Sie hatte Svala aus dem warmen Stall hinaus in die frische Winterluft geholt und im Hof an einem der eisernen Ringe angebunden. Dann hatte sie ihr das dichte kupferfarbene Fell mit einem Strohwisch massiert, bis kein Stäubchen mehr zu sehen war; und danach hatte sie es mit einer weichen Bürste, wie sie sie von zu Hause nicht kannte, glänzend gebürstet.

Solche Bürsten besaßen nur die Römer; in Gunhilds Dorf hatte es so etwas nicht gegeben. Die Mähne hatte sie Svala mit den Händen entwirrt und dann mit einem beinernen Kamm gekämmt, und sie hatte ihr dabei immer wieder mit den Händen zärtlich streichelnd über das Fell gestrichen und sie liebkost.

Vor einem halben Jahr war Gunhild in Gefangenschaft geraten, in die Sklaverei. Sie war gerade zwölf Jahre alt. Germanien war von den Römern besetzt; doch immer wieder flackerten Aufstände auf, immer wieder erhoben sich die tapferen und kampfesmutigen Germanen gegen die Römer, die ihnen Steuern und harten Frondienst abverlangten.

„Römer!" Gunhilds Vater hatte verächtlich den Mund verzogen, wenn er von ihnen sprach. Für ihn waren sie Weichlinge, die in Betten mit Daunenfederdecken schliefen, nicht kämpfen konnten und täglich Wein tranken.

Gunhilds Vater trank auch Wein und auch Met, das süße Honigbier; aber nicht täglich, sondern nur an großen Feiertagen. Dann aber auch in großen Mengen; denn für einen Germanen war es keine Schande, am Abend eines Festtages besinnungslos betrunken zu sein.

Der Vater hatte ihr die Verachtung für die Römer beigebracht, die die freien Germanen überfallen hatten. „Sie machen uns alle zu Sklaven", hatte er gesagt und dabei vergessen, daß die Germanen bei Kriegszügen auch Sklaven nahmen und sie keineswegs immer gut behandelten. Aber: „Im Krieg ist das erlaubt, hier wird ein ganzes Volk versklavt", hatte er eins ums andere Mal gesagt.

Und dann war es geschehen: Er selbst hatte die Krieger seines Stammes zum Widerstand gegen die Römer aufgewiegelt, er selbst hatte die kleine Schar Germanen gegen die Römer geführt und war unterlegen.

Gunhilds Vater starb, als er versuchte, die Mauer der römischen Siedlung zu erklimmen – ein römischer Pfeil traf ihn in den Hals. Er war sofort tot.

Die anderen Germanen wurden niedergemetzelt; mit aufständischen Untertanen kannten die römischen Soldaten keine Gnade. Dann waren sie in das germanische Dorf geritten und hatten es zerstört. Frauen und Kinder waren in die Sklaverei gekommen, alle Hütten wurden niedergebrannt.

Gunhild hatte sich mit ihrer Stute Svala im Wald versteckt. Sie war von einem kleinen Trupp Söldner entdeckt worden, als ihre Stute den Pferden der Römer zuwieherte. Die römischen Soldaten lachten über das tapfere kleine Mädchen, das ihnen ohne Waffen mutig entgegentrat. Gunhild hatte gelernt, daß man dem Feind keine Angst zeigt, und so ging sie mit hocherhobenem Kopf auf die Römer zu, als sie merkte, daß sie nicht mehr fliehen konnte.

Der Anführer der Römer war ein älterer Mann mit kurzgeschnittenem grauem Bart. Er stieg vom Pferd und ging ruhig auf das kleine Mädchen zu und redete sie in lateinischer Sprache an; aber sie verstand ihn nicht. Sie wich aber auch nicht vor ihm zurück. Sie blickte ihn abwartend an, während sie ihrer Stute den Arm um den Hals legte. Ihr rotes Haar vermischte sich mit der roten Mähne der Stute, und der Römer mußte lächeln.

Er bedeutete ihr, mitzukommen, und mit einer geschmeidigen Bewegung, die eher wie ein Gleiten als wie ein Sprung aussah, schwang Gunhild sich auf Svalas Rücken. Jetzt konnten die römischen Söldner nicht mehr auf sie herabschauen, ihre Gesichter waren fast in gleicher Höhe, und sie schaute ihnen trotzig in die Augen.

Gunhild wußte, was im Dorf geschehen war. Sie wußte auch, daß sie mit den fremden Männern gehen mußte, den Siegern. Das war Kriegsgesetz, dem mußte sie sich fügen.

Sie ritten bis zum Nachmittag, dann kamen sie zur Siedlung der Römer. Gunhild sah zum ersten Mal in ihrem Leben feste Häuser aus Stein. Sie kannte nur Gräber aus Stein, die Häuser ihres Volkes waren aus Holz. Wenn aber ein großer Häuptling der Germanen starb, wurden Steine um sein Grab gehäuft, weil niemand darauf treten durfte.

Hier waren die Häuser aus Stein. Es gab Straßen wie in Gunhilds Dorf, aber sie waren mit Steinen gepflastert; Svala setzte die Hufe vorsichtig in den engen Gassen.

Auf einer kleinen Anhöhe war ein besonderes Haus, dahin ritt der Anführer des Trupps mit seinen Männern – und Gunhild mit ihnen.

Das Haus war von einer steinernen Mauer umgeben und sah von außen düster aus. Aber als Gunhild durch das kleine Tor ritt, sah sie, daß es einen schönen Innenhof gab mit einem kleinen Garten voller Blumen und Bäume. Links lag das große Haupthaus, daneben waren kleinere Häuser, eines neben dem anderen. Und gegenüber dem Haupthaus war ein langgestrecktes, flaches Gebäude. Das war der Stall, wie Gunhild feststellte, denn Pferdegewieher kam von dorther.

Der Anführer des Trupps sagte etwas zu der Frau, die aus dem großen Haus getreten war und zeigte auf Gunhild, die sich immer noch erstaunt umsah. Die Frau trat an Svala heran und berührte Gunhild am Bein. Wie von einer Schlange gebissen, zuckte Gunhild zurück – aber gleich darauf tat es ihr leid, denn die Frau sah sie freundlich an und sprach sanft mit ihr.

Gunhild verstand, daß sie vom Pferd steigen sollte; und mit der gleichen katzenhaften Bewegung, mit der sie sich auf Svalas Rücken geschwungen hatte, glitt sie nun herab. Jetzt stand sie neben der fremden Frau, der sie gerade bis zur Schulter reichte. Die Frau trug ein dunkelrotes faltiges Gewand und darüber einen blauen Umhang, der auf der Schulter von einer goldenen Brosche gehalten wurde; sie war mit blauen Steinen besetzt, wie Gunhild sie noch nie gesehen hatte.

Die Haare der Frau waren hochgesteckt und wurden mit goldenen Spangen zusammengehalten; ganz anders als die Haare der germanischen Frauen, die meist zu Zöpfen geflochten oder offen getragen wurden.

Gunhild staunte, sie vergaß fast ihre Angst, als sie den süßen Duft schnupperte, der von dem Gewand der Frau ausging. Parfum kannten die Germanen nicht.

Die Frau griff nach ihrer Hand und bedeutete ihr, mit ins

Haus zu kommen. Gunhild wußte, daß sie gehorchen mußte; sie war jetzt eine Sklavin. Aber unwillkürlich stellte sie sich neben Svala und ließ den Hals der Stute nicht los.

Sie sah die Blicke, die der Mann und die Frau wechselten; aber sie verstand nicht, was sie bedeuten sollten.

Dann aber winkte ihr der Mann und ging auf den Stall zu. Sie folgte ihm und ging mit ihm an der langen Reihe der angebundenen Pferde entlang bis ans Ende der Stallgasse. Dort war noch Platz, und der Mann machte ihr mit Gesten deutlich, daß sie Svala dort anbinden solle.

Gunhild war entsetzt: *Niemals* würde sie ihr Pferd anbinden! Ihr Pferd war frei geboren, es brauchte keine Peitsche und keine Sporen, um ihr zu gehorchen; und sie würde es nicht anbinden.

Lächelnd gab der Mann ihr nach und ließ sie mit ihrem Pferd allein. Gunhild setzte sich erschöpft an die Mauer und schaute ihrer Stute zu, die das Heu fraß, das dort lag.

Gunhild schlief ein. Sie schreckte auf, als sie an der Schulter berührt wurde: Die Frau war gekommen und brachte ihr eine warme Suppe. Auch Brot gab es und Milch.

Gunhild war unsicher, ob sie essen durfte, denn bei den Germanen durften Sklaven nicht in Anwesenheit ihrer Herren essen. Aber die Frau nickte, und die Suppe duftete gut. Es war Gerstensuppe mit Brennesseln, stellte Gunhild fest, fast wie zu Hause. Das Brot war aus Dinkel gebacken und schmeckte süß, und die Milch löschte den Durst.

Als Gunhild fast fertig war, ging die Frau fort. Aber noch während Gunhild ihr nachsah, kam sie zurück und trug eine dicke wollene Decke über dem Arm. Die legte sie dem Mädchen über die Schulter.

Gunhild wollte noch entschlossen und stolz schauen – aber dann brach der ganze Kummer über ihr zusammen. Sie dachte an ihre Mutter, an die Brüder, an das brennende Dorf und die Frauen, die wie sie in römische Sklaverei gekommen waren. Schluchzend sank sie an die Schulter der fremden Frau und weinte ihr Leid in das seltsam fremd und süß duftende Gewand.

So weinte sie sich in den Schlaf. Erst am nächsten Morgen erwachte sie. Wie so oft hatte sie an Svala geschmiegt geschlafen, und die Stute hatte sich nicht gerührt, bis sie aufwachte.

Ein Stallknecht ging durch die Reihen der Pferde und gab ihnen Gerste als Morgenmahlzeit. Auch Svala bekam eine gefüllte Schüssel, und Gunhild nahm sich eine Handvoll und kaute sie, obwohl sie bitter schmeckte.

Der Stallknecht lachte gutmütig und kam ein paar Minuten später mit einer Schale dampfendem Gerstenbrei zurück. Gunhild nahm sie zögernd – aber die Freundlichkeit des Stallknechts ließ es nicht zu, daß sie den Brei zurückwies.

Es dauerte einige Tage, bis das fremde germanische Mädchen sich in den Hof traute. Scheu sah sie sich um. Sie sah den Brunnen, der immer plätscherte; sah die bunten Blumen, die sie nicht kannte, und die im Schutz der Mauer in der Sonne blühten.

Nach und nach faßte sie Vertrauen. Sie spürte die Freundlichkeit, die hier zwischen den Menschen war. Und obwohl sie allmählich zu kleinen Arbeiten und Handreichungen herangezogen wurde, wurde sie niemals hart behandelt oder bestraft, wie sie es bei den Sklaven zu Hause oft erlebt hatte.

Sie war die einzige Germanin in diesem großen Haushalt, und niemand sprach ihre Sprache. Aber Gunhild fühlte sich in der freundlichen Atmosphäre die sie umgab, mehr und mehr zu Hause und vergaß nach und nach ihren Schmerz.

Auch Svala wurde zur Arbeit herangezogen; aber nie mußte sie schwere Arbeiten verrichten. Und nach der Arbeit ging sie mit den anderen Pferden auf die Weide. Niemand ritt sie; und Gunhild traute sich nicht, sie zu reiten, denn das stand einer Sklavin nicht zu.

Immer noch schlief sie im Stall bei ihrem Pferd, und als es im Herbst kälter wurde, hatte die Frau ihr einen richtigen Strohsack gegeben und zwei Bärenfelle, die wärmten. Aber niemand hatte sie je wieder aufgefordert, im Haus zu schlafen.

Jetzt war tiefer Winter, es war sehr kalt. Vor einer Woche war ein Mann in der Siedlung erschienen, der Gunhilds Sprache sprach. Er war zu ihr gekommen, und sie war sehr erschrocken, wieder ihre eigene Sprache zu hören. Ein paar lateinische Worte kannte sie schon, obwohl sie niemals sprach. Aber sie verstand immer, was man von ihr wollte.

Der Mann hieß Ludger und war Mönch, sagte er. Gunhild wußte nicht genau, was ein Mönch ist. Ludger sagte auch, daß ihr Herr und ihre Herrin Christen seien. Deshalb wurde sie so gut behandelt. Wie genau das aber zusammenhing und was es bedeutete, war Gunhild nicht klar. Doch immer noch schlief sie Nacht für Nacht im Stall bei ihrem Pferd.

Seit ein paar Tagen merkte sie, daß Vorbereitungen für ein Fest im Gange waren. Kühe, Gänse und Hühner wurden geschlachtet, das Fleisch mit Salz eingelegt; das große Haus wurde geputzt, und es wurden neue Kerzen gezogen. Das war ihre Arbeit; immer wieder mußte sie den Docht in das fast kochende Wachs tauchen, drehen und herausziehen und warten, bis das Wachs fest war. Dann wurde der Docht aufs neue eingetaucht und gedreht, bis die Kerze endlich dick genug war. Dann wurde sie aufgehängt und mußte auskühlen.

Das war eine gute Arbeit, denn sie wurde am Herd gemacht, wo es warm war. So erlebte Gunhild auch alle Vorbereitungen für das Fest mit. Brot wurde gebacken, es wurden sogar fremdländische Nüsse mit süßem Geschmack gemahlen und mit Rosenöl vermischt. Das gab eine süßbittere Paste, aus der man Figuren formte, die man später essen konnte.

Und die Gewänder wurden hergerichtet. Überall wurde geflickt, was zerrissen war; neue Bänder und Borten wurden zum Schmuck angenäht, und die Herrin hatte ein prächtiges neues Gewand bekommen.

Gunhild schaute all dem mit großen Augen zu. Sie wußte, daß die Wintersonnenwende nahe war; aber in ihrem Dorf hatte man sie anders gefeiert. Es war ein fröhliches Fest, aber das wichtigste war doch Essen und Trinken gewesen. Hier war bei allen Vorbereitungen eine stille Freude, die Gunhild nicht verstand.

Der fremde Mann, der ihre Sprache sprach, sagte ihr, es würde bald ein Kind geboren werden. Aber so sehr Gunhild sich umschaute – nirgends sah sie eine Frau, die bald ein Kind bekommen würde.

Heute früh dann war das Schreckliche geschehen. Der fremde Mann hatte ihr gesagt, sie solle Svala gut putzen und besonders schön schmücken.

Blitzartig war Gunhild klar geworden: Svala würde bei dieser Wintersonnenwende das Pferd sein, das geopfert werden sollte. Deshalb war sie so gut gefüttert worden, deshalb hatte sie so wenig arbeiten müssen – und deshalb sollte sie jetzt besonders geschmückt werden.

Gunhild biß die Zähne zusammen, während sie Svala putzte. Sie durfte nicht weinen. Es war die höchste Ehre für ein Pferd, zur Wintersonnenwende den Göttern geopfert zu werden. Denn durch dieses Opfer würde das Gras im Frühjahr wieder grün werden, und nur durch dieses Opfer würden die anderen Pferde auf fetten Weiden grasen können.

Gunhild wußte all das, und dennoch rannen ihr die Tränen übers Gesicht, als sie Svala schmückte. Sie holte Tannenzweige aus dem Wald vorm Tor und wand einen Kranz daraus, den legte sie der Stute um den Hals. In Svalas Mähne flocht sie eine Haarsträhne von sich selbst, die sie sich abgeschnitten hatte. Denn ein Stück von ihr sollte mit Svala gehen. Endlich führte sie die Stute in den Stall und gab ihr Gerste und Heu. Dann saß sie bei ihr und wartete auf die Dunkelheit, wenn es geschehen sollte.

Sie lehnte den Abendbrei ab, den der Stallknecht ihr brachte, und lauschte angstvoll auf das, was außerhalb des Stalles geschah. Sie hörte Gesang und Gemurmel wie von Gebeten und roch einen fremdartigen herben Duft, den sie noch nie gerochen hatte.

Plötzlich fing sie an zu zittern in ihrer Ecke hinten im Stall. Sie blickte auf Svala, die mit dem Tannenkranz geschmückt ruhig am Heu knabberte, und dachte: Nein, nicht mein Pferd! Die Götter können nicht so grausam sein! Nicht Svala!

Gerade wollte sie aufspringen, wollte sich auf Svalas Rücken schwingen und mit ihr in den dunklen, verschneiten Wald reiten; sie wollte lieber mit ihr erfrieren als sie zu opfern. Da ging die Stalltür auf, und das Leuchten vieler Kerzen tauchte den Stall in sanftes Licht. Der Fluchtweg war abgeschnitten, aber Gunhild war entschlossen, ihr Pferd nicht opfern zu lassen. Kampfbereit stellte sie sich vor die Stute, die erstaunt auf die Menschen schaute, die von einem Pferd zum anderen gingen. Jedes Pferd bekam ein Stück Brot und wurde mit Wasser besprengt, das würzig duftete. Dann wurde seine Stirn gestreichelt, die Menschen sprachen ein paar Worte und gingen zum nächsten Pferd. Der Mönch Ludger, der Gunhilds Sprache sprach, begleitete sie. Fassungslos sah Gunhild zu, sie begriff nicht, was hier geschah.

Erst als der Mann und die Frau vor Svala standen, faßte sie sich wieder und richtete sich auf. Eher wollte sie mit ihrem Pferd sterben, als daß sie es kampflos hergab! Schützend breitete sie die Arme vor Svala aus und hob den Kopf. „Nein", sagte sie in germanischer Sprache, „nicht mein Pferd!"

Der Mann und die Frau blickten sich erstaunt an, sie verstanden nicht, was Gunhild wollte.

Der Mönch fragte: „Warum dürfen wir uns bei deinem Pferd nicht für seine Arbeit im letzten Jahr bedanken? Es hat doch auch gearbeitet, so wie die anderen!"

Gunhild ließ hilflos die Arme sinken. „Bedanken?" fragte sie. „Ihr wollt euch bei Svala bedanken? Ich denke, ihr wollt sie opfern…" Verwirrt sah sie von einem zum anderen.

Und plötzlich begriff Ludger. Er sagte ein paar schnelle lateinische Worte zu dem Mann und der Frau, dann wandte er sich an Gunhild. „Wir feiern Weihnachten, Kind", sagte er lächelnd. „Das ist zwar auch Wintersonnenwende – aber ohne Opfer. Heute vor vielen Jahren ist ein Kind geboren worden, das sich später für die Menschen geopfert hat. Ihm zu Ehren feiern wir heute ein Fest. Wir danken allen, die im letzten Jahr mit uns und für uns gearbeitet haben – auch deiner Svala. Sie soll nicht geopfert werden! Im Gegenteil, Publius und Agrippina hier wollen dir sagen, daß du sie wieder reiten sollst wie ein freies Mädchen. Sie sind Christen und wollen keine Sklaven haben. Für uns sind alle Menschen gleich."

Ungläubig starrte Gunhild auf den Römer und seine Frau. „Aber …", begann sie und wollte weitersprechen.

Doch da lächelte die Frau sie an und breitete die Arme aus, und Gunhild sah plötzlich nicht mehr, daß sie eine Feindin, eine Römerin war. Sie war eine Frau, die ihr Wärme und Geborgenheit bot; und Gunhild verstand die einfache Botschaft.

An diesem Abend saß sie zum ersten Mal im Haus mit den anderen zusammen. Sie aß von dem süßen Brei, der aus den fremden Nüssen, den Mandeln, und Rosenöl gemacht war und hörte, daß man ihn Marzipan nannte. Im Schein der Kerzen, die sie selbst gezogen hatte, hörte sie zum ersten Mal die Weihnachtsgeschichte und schlief dann auf der Ofenbank, warm mit einer dicken Felldecke zugedeckt.

Und morgen früh werde ich Svala reiten, dachte sie, als sie schon fast schlief.

Trapperweihnacht

Die drei Männer waren Trapper. Landstreicher, sagten manche Leute, aber die drei empfanden sich nicht als Landstreicher. Es waren harte Männer, die im Sommer in der Prärie oder im Wald jagten und nur das zum Leben brauchten, was sie selbst an Wild schossen. Dazu manchmal ein paar Beeren oder wildes Gemüse.

Im Winter stellten sie Fallen auf für Füchse und andere Pelztiere oder schossen sie. Die Felle verkauften sie gegen Ende des Winters in der Stadt und hatten so etwas Geld bis zum Sommer, denn im Frühjahr jagten sie nicht. Im Frühjahr bekamen die Tiere Junge und zogen sie auf – kein anständiger Trapper schoß ein Muttertier oder seine Jungen.

Sie alle waren Einzelgänger, jeder von ihnen war allein unterwegs und schätzte nichts mehr als seine eigene Gesellschaft. Einsam war keiner von ihnen; und wenn er sich tatsächlich einmal nach anderen Menschen sehnte, machte er sich auf den langen Marsch zur Stadt. Dort traf man Händler und Cowboys, die im Winter nichts zu tun hatten. In der Kneipe konnte man Whisky trinken, und bald hatte man die laute Gesellschaft wieder satt und ging auf den leisen Sohlen der Fellstiefel zurück in die Einsamkeit der kanadischen Wälder.

Ein paar Monate allein im Jahr tun jedem Menschen gut – darin waren sich die drei einig. Sie kannten sich nicht, und als sie sich jetzt in einer Waldschneise plötzlich gegenüberstanden, waren sie darüber nicht besonders erfreut.

Der Jüngste hatte ein paar Fuchsfelle über der Schulter und wollte gerade in seine Hütte gehen, als er die Spur fremder Stiefel im Schnee sah. Erstaunt blieb er stehen und blickte gleich darauf in das ebenso erstaunte Gesicht eines älteren Mannes. Der trug eine dicke Waschbärjacke, eine warme Mütze aus Waschbärfell auf dem Kopf und Hirschlederhosen, dazu gute stabile Lederstiefel. Um die Schulter hingen zwei Gewehre und ein Vorratssack aus Leder.

Der Mann hatte sich umgedreht und brummte: „Wo kommst du her?"

„Wo gehst du hin?" fragte der Junge zurück.

Aber ehe der ältere Mann antworten konnte, hörten beide ein Geräusch, und dann kam zu ihrem Erstaunen ein Reiter durch den Wald auf sie zu. So etwas hatte es hier noch nie gegeben – kein Mensch ritt im Winter und bei dieser Kälte mit einem Pferd durch den Wald!

Und überhaupt, wie der Mann aussah! Er war in einen feinen Zobelmantel gehüllt, das Teuerste, das es an Pelz gab. Sein Pferd trug silbernes Zaumzeug und eine Felldecke über dem Rücken; und vermutlich war der Sattel, den man unter der Decke nicht sah, auch gut und teuer.

Die beiden anderen starrten sich verblüfft an.

„He", rief der Reiter schon von weitem, „daß ich hier jemanden treffe! Ich bin unterwegs zu den Crick-Wasserfällen und habe mich verirrt. Kann ich bei euch unterkommen?"

Wieder schauten die beiden Männer sich an, sie wußten nicht, was sie sagen sollten.

Der Reiter hielt an und stieg vom Pferd. Er war groß und schlank, hatte dunkle Haare und wirkte sehr elegant; aber als er die Handschuhe auszog, sahen sie an seinen Händen, daß er arbeiten konnte.

„Bist du auch Jäger?" fragte der ältere Mann.

„Ja", der Reiter nickte, „ich sehe vielleicht nicht so aus, aber ich bin Trapper!" Er blickte von einem zum anderen und fragte noch einmal: „Kann ich heute nacht bei euch bleiben? Ich habe mich verirrt und bin nicht sicher, ob ich bis zum Dunkelwerden noch zu den Wasserfällen komme!"

„Niemals", sagte der Junge, der hier zu Hause war, mit Nachdruck. „Bis zu den Wasserfällen sind es zwei Tagesritte. Du hast dich gründlich verritten. Aber wenn du willst, kannst du mit mir kommen. Meine Hütte ist eine halbe Stunde Fußmarsch entfernt. Nur Heu habe ich nicht für dein Pferd."

„Das ist kein Problem", entgegnete der Reiter, „ich habe Gerste mit. Dazu gebe ich ihm trockene Zweige aus dem Wald, die breche ich schon selbst ab!"

Zärtlich tätschelte er seinem Schecken den Hals, und das Pferd bog den Kopf zu ihm. Man sah, daß die beiden sehr vertraut miteinander waren.

„Kann ich auch mit zu dir kommen?" fragte der ältere Mann, der sich etwas abseits gehalten hatte, den Jungen.

„Ja", erwiderte der, „aber nicht für lange. Ich habe keine Vorräte."

„Nein, nur eine Nacht", beschwichtigte der ältere Mann. „Ich will ja auch weiter!"

Dann machten die drei Männer sich auf den Weg zur Hütte, wobei das Pferd hinter ihnen ging.

Plötzlich ertönte ein seltsam peitschendes Geräusch, fast wie ein langgezogener Pfiff hörte es sich an. Und im nächsten Moment kam ein starker Windstoß, der die drei Männer und das Pferd fast von den Beinen riß. Mit rasender

Geschwindigkeit kam eine graue Wand auf sie zu, die aus Schneeflocken und Hagelkörnern bestand, und die Männer vermochten sich nur deshalb so schnell ins schützende Dickicht retten, weil sie alle drei erfahrene Trapper waren und die Wildnis kannten.

Ein Winterhurrikan hatte sie gepackt und tobte mit Wucht über dem Wald. In wenigen Augenblicken war es stockdunkel; Bäume wurden entwurzelt und stürzten krachend zu Boden, Äste wirbelten durch die Luft und wurden meterweit über die Baumwipfel getragen, bis sie niederfielen.

Die Männer duckten sich instinktiv zu Boden, nur das Pferd stand mitten in der Schneise und wollte nicht kommen, so oft sein Reiter auch nach ihm rief.

Minutenlang heulte der Wind, und die Hagelkörner hinterließen kleine Wunden, wenn sie scharf auf die Gesichter der Männer prasselten.

So plötzlich, wie der Schneesturm gekommen war, war er auch wieder vorbei. Die nachfolgende Stille war fast unheimlich, obwohl es die gewohnte Stille des Waldes war.

Das Pferd stand immer noch in der Schneise, schneebedeckt, aber ruhig und unversehrt.

Die drei Männer rappelten sich auf und schauten sich um: Entwurzelte Bäume versperrten den Weg zur Hütte, da war kein Durchkommen. Nur der Weg in die andere Richtung war frei, und bevor die drei Männer sich darüber verständigen konnten, was sie tun wollten, ging das Pferd mit ruhiger Selbstverständlichkeit los. Es ging, als hätte es ein Ziel.

„Na los, ihm nach", sagte der ältere Mann resigniert, „was bleibt uns anderes übrig? Hier kommen wir nicht durch!" Er nahm seine Waschbärmütze ab und klopfte den Schnee aus, dann schüttelte er sich ausgiebig, und so fiel der Schnee auch von seinen Schultern und von seinem Rücken.

Die anderen taten es ihm nach. Dann gingen sie schweigend hinter dem Pferd her.

„Wir gehen Richtung Süden", sagte der Junge nach einiger Zeit, „wir müßten aber nach Norden gehen!"

„Geh nach Norden, wenn du kannst", brummte der Ältere, dann schwiegen sie wieder. Bis zum Dunkelwerden gingen sie geradeaus nach Süden, denn es gab kein Durchkommen nach einer anderen Richtung. Dann machten sie Rast. Sie sammelten trockene Zweige und zündeten ein Feuer an, das hoch aufprasselte.

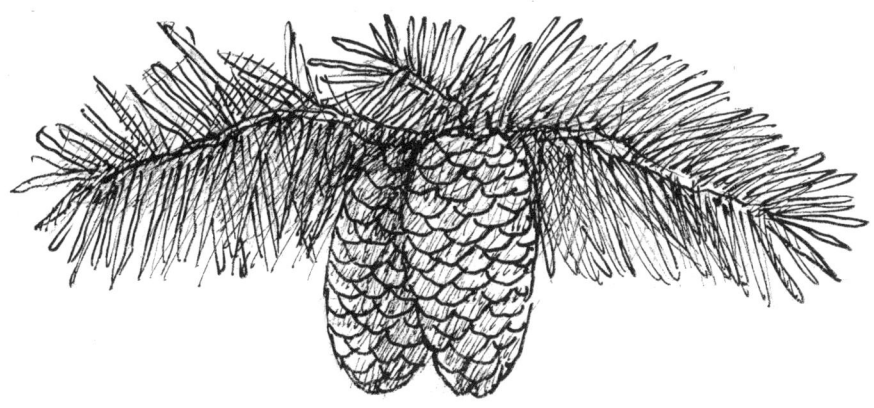

Als es heruntergebrannt war, machte der Junge aus einigen Steinen einen Kreis um die Glut. Darauf stellten sie einen Topf, den der Reiter hinten am Sattel hängen hatte.

In den Topf taten sie Schnee; und als der geschmolzen war, warteten sie, bis das Wasser kochte.

„Und jetzt?" fragte der ältere Mann. „Ich habe nichts, was wir kochen könnten. Ich habe nicht einmal mehr getrocknetes Fleisch."

„Macht nichts", sagte der Junge. „Ich habe keinen Hunger,

nur Durst. Ich hole ein paar Kräuter, die wir in das Wasser geben können, dann haben wir Tee."

Er verschwieg, daß er einen kleinen Vorrat an getrockneten Pilzen in der Tasche hatte; die hatte er immer dabei und briet sie sich zum frisch geschossenen Fleisch.

Der Reiter ging zu seinem Pferd und nahm den Sack hinter dem Sattel ab. Er öffnete ihn, machte den Schnee auf dem Boden mit den Füßen glatt und schüttete seinem Pferd eine gute Portion Gerste hin.

„Das wäre ein Essen für uns, wir hätten einen warmen Gerstenbrei", sagte der ältere Mann.

„Nein", entgegnete der Reiter, „das braucht mein Pferd. Ich habe auch nichts."

Die beiden Männer saßen schweigend, bis der Junge mit ein paar grünen Stengeln zurückkam.

„Die habe ich unter dem Schnee gefunden, Pfefferminze, noch vom Sommer. Das wird uns wärmen."

Damit warf er die Stengel in das hoch aufschäumende Wasser. Bald verbreitete sich der herbe Geruch der wilden Minze um die Feuerstelle. Und nach einiger Zeit holten die Männer ihre Blechtassen hervor und schlürften den heißen Tee. Der Junge hatte keine Blechtasse, er trank den Rest aus dem Topf.

Danach war ihnen allen warm. Der Reiter häufte neuen Schnee in den Topf über dem Feuer, damit auch sein Pferd Wasser bekäme. Er achtete sorgsam darauf, daß der Schnee nur schmolz, so daß es kühles Wasser gab. Das reichte er seinem Pferd; es trank das Wasser wie der Junge gleich aus dem Topf.

Die drei Männer saßen noch lange am Feuer. Ab und zu legte einer von ihnen trockene Holzstücke nach, dann loderte das Feuer wieder hoch auf.

Sie sprachen wenig; und keiner wußte, was der andere dachte. Nach einiger Zeit legten sich die Männer hin. Sie rollten sich in ihre Felljacken und Mäntel, zogen die Hüte über den Kopf und schliefen ein. Der Junge breitete noch die Fuchsfelle über sich. Sie schliefen unruhig und wurden immer wieder von Tierschreien geweckt, bis es hell wurde.

Der Reiter wurde als erster wach. Er drehte sich um und sah wie immer nach seinem Pferd. Es hatte schon viele Nächte neben ihm verbracht und stand auch jetzt ruhig da, ein Hinterbein gemütlich eingeknickt.

Wieder bekam es Gerste, und die Männer tranken etwas Tee von der wilden Pfefferminze, die sie ins heiße Wasser warfen.

Dann brachen sie auf. Sie sprachen wenig auf ihrem Marsch. Das Gehen war beschwerlich, denn der Schnee war tief, und ab und zu versperrten umgestürzte Baumstämme den Weg. Dann mußten sie einen weiten Bogen durchs Unterholz machen, aber sie kamen immer wieder zu der Schneise zurück.

Gegen Abend waren die Männer erschöpft. Sie suchten sich früh einen Lagerplatz unter einem überhängenden Felsen und machten Feuer.

„Wir brauchen etwas in den Magen", sagte der Reiter.

„Gib uns doch von deiner Gerste", entgegnete der ältere Mann. „Wozu sollen wir ein Pferd mästen, das hier zu nichts nütze ist!"

Aber der Reiter schüttelte entschieden den Kopf und legte bedeutungsvoll sein Gewehr über die Knie. Das war griffbereit, wenn jemand sich an der Gerste vergreifen würde.

„Ich suche mir ein paar Beeren", sagte der Junge und ging ein Stück ins Dickicht, „ich habe Hunger. Ich bringe euch Beeren mit, wenn ich welche finde."

Damit ging er ins Dunkel, und die beiden anderen Männer hörten nur noch ab und zu das Knacken von trockenen Ästen und Zweigen im Wald.

Das Feuer war schon fast heruntergebrannt, und es war stockdunkel, als etwas Seltsames geschah.

Wie gebannt wandten die beiden Männer am Feuer ihr Gesicht dem Pferd zu, denn das Pferd begann zu sprechen: „Ihr müßt den Jungen suchen gehen, er ist in Not. Beeilt euch, sonst ist er verloren."

Der Alte blickte wie benommen auf den Reiter, und der sah ihn an, als hätte er ein Gespenst gesehen.

Beide faßten sich verstohlen an den Kopf und schauten sich um – aber alles war wie immer.

„Wir müssen den Jungen suchen", sagte der Reiter endlich. „Vielleicht hat er sich verirrt."

Und der ältere Mann erwiderte: „Ja, seltsam, aber ich hatte gerade die gleiche Idee!"

Der Reiter band sein Pferd fest, dabei sah er es scheu an, dann gingen beide Männer in die Richtung, in der der Junge verschwunden war.

Nach einiger Zeit erhielten sie schwache Antwort auf ihre Rufe. „Hier bin ich! Hier!" hörten sie die Stimme des Jungen.

Und dann fanden sie ihn. Er war über einen Baumstamm gestürzt und hatte sich so unglücklich in den Ästen eines schon früher gefallenen Baumes verfangen, daß er sich nicht allein befreien konnte. „Welch ein Glück, daß ihr kommt!" rief er erleichtert. „Ich bin halb erfroren."

Die beiden Männer befreiten den Jungen, dann gingen sie zum Feuer zurück, das ihnen freundlich und warm entgegenleuchtete. Das Pferd stand daneben, als wäre nichts geschehen.

Unsicher blickten die beiden Männer das Pferd an, während der Junge die gepflückten und vereisten Beeren auf einem Tuch ausbreitete. „Viel ist es nicht", sagte er, „aber wenn wir das zusammenkochen, haben wir wenigstens ein warmes Mus!"

„Gerstenbrei wäre gut dazu", sagte der ältere Mann wieder und verschwieg, daß er noch getrocknetes Fleisch in seinem Beutel hatte. Aber wieder legte der Reiter warnend sein Gewehr über die Knie.

So saßen sie lange, aßen die paar gekochten Beeren und tranken heißes Wasser, während das Pferd die Gerste fraß, die sein Reiter ihm hingeschüttet hatte.

Satt wurden die Männer nicht, aber das heiße Wasser wärmte sie für ein paar Stunden. Wieder rollten sie sich in ihre Fellmäntel und versuchten zu schlafen. Doch sie fanden erst spät Schlaf, denn das Pferd ging unablässig unruhig herum.

Mal stand es bei dem älteren Mann, mal bei dem Jungen, zuletzt bei seinem Herrn, dem Reiter. „Wach auf", sagte es, „ich muß mit dir reden!"

Schlaftrunken hob der Reiter den Kopf. Er schob die Zobelmütze aus der Stirn und schaute auf sein Pferd. Seltsam, es schien ihm ganz natürlich, daß das Pferd sprach.

Es sagte: „Ihr müßt eure Vorräte teilen, sonst kommt ihr nie mehr aus diesem Wald heraus. Nur, wenn ihr einander helft, werdet ihr es schaffen. Wenn nicht, werdet ihr verhungern oder erfrieren. Gib den anderen von meiner Gerste. Ich habe immer noch genug!" Dann verstummte es und sah wie sonst auch aus.

Der Reiter legte sich wieder hin, er drehte sich um und dachte, er hätte geträumt.

Etwas später ging das Pferd zu dem älteren Mann. Es

stupfte ihn mit dem Huf an, bis er erwachte. „Gib den anderen von deinem getrockneten Fleisch", sagte es. „Dir allein wird es nicht nützen, denn allein kommst du hier nicht raus. Nur wenn ihr teilt, werdet ihr es schaffen!" Damit drehte es sich um, knickte einen Hinterhuf ein und schien zu dösen. Es sah aus wie immer. Und der Mann fragte sich, ob dies ein Traum gewesen war.

Wieder etwas später, als der ältere Mann eingeschlafen war, berührte das Pferd den Jungen sacht mit dem Maul. Der Junge erwachte von dem warmen Atem des Pferdes und hörte seine Stimme: „Gib den anderen von deinen getrockneten Pilzen. Nur, wenn ihr zusammenhaltet, könnt ihr es schaffen, aus dem Wald zu kommen."

Der Junge setzte sich auf und starrte das Pferd an – aber das Pferd hatte den Kopf gesenkt und schien zu schlafen.

Kopfschüttelnd legte der Junge sich wieder hin; er zog seine Fuchspelze über den Kopf und versuchte wieder einzuschlafen. Aber die Worte des Pferdes gingen ihm nicht aus dem Sinn. Noch einmal setzte er sich auf und blickte sich um, ob da jemand war, der gesprochen hatte. Aber er sah niemanden; und er konnte nicht glauben, daß es das Pferd gewesen sein könnte.

Am nächsten Morgen, als sie Feuer gemacht hatten und das Wasser kochte, holte der Reiter zwei Handvoll Gerste aus dem Beutel und schüttete sie ins Wasser.

„Wenn wir sie lange genug kochen, bekommen wir einen Brei. Der wird unseren Hunger vertreiben", sagte er. „Ich habe es gut überlegt, zwei Handvoll Gerste kann mein Pferd entbehren!" Er ging etwas verlegen zu seinem Pferd und nestelte am Sattel herum.

Der ältere Mann brummte etwas wie: „Muß mal nachsehen!" Dann wühlte er in seinem Vorratssack. „Ah", sagte

er nach einer Weile triumphierend, „hab ich's doch geahnt! Ich hatte noch etwas Dörrfleisch. Das können wir dazutun."

Und der Junge griff in seine Brusttasche und zog einen Beutel mit getrockneten Pilzen hervor.

„Wenn wir die mitkochen, wird es ein Festessen", sagte er lachend.

Wie erleichtert blickten die Männer sich an, nun, da jeder etwas gegeben hatte. Eifrig holten sie neues Holz aus dem Dickicht, denn Gerstenbrei muß lange kochen. Und während der Brei kochte, wurden sie gesprächig und begannen zu reden.

Der Junge erzählte, daß seine Eltern tot seien und er seit drei Jahren als Trapper lebte. Er sei zufrieden mit diesem Leben, sagte er. Und er würde zu seiner Hütte zurückkehren. Der ältere Mann sprach von seiner Frau und seinen beiden Töchtern, die ihn nur selten sahen. „Ein- oder zweimal im Jahr", sagte er. Mehr wäre ihm zuviel, er sei eben Trapper. „Aber sie bekommen genug Geld von mir", versicherte er.

Und der Reiter sprach von seinem Pferd. Mit einer gewissen Scheu zuerst, denn er dachte daran, daß sein Pferd gesprochen hatte. Aber da das Pferd so wie immer aussah, überwand er seine Scheu und erzählte, wie er es als Fohlen aufgezogen und später zugeritten hatte. „Er ist mein bester Freund", sagte der Reiter. „Ich wüßte nicht, was ich ohne ihn täte."

Bei diesen Worten schauten auch die beiden anderen Männer auf das Pferd, aber es hatte nichts Besonderes an sich.

Erst gegen Mittag war der Gerstenbrei fertig; und als die Männer ihn gegessen hatten, brachen sie auf.

Heute kamen sie schnell voran, dabei redeten sie mitein-

ander und scherzten manchmal sogar, wenn einer zurück-
blieb oder stolperte.

Gegen Abend sahen sie einen Lichtschein in der Ferne
und als sie weiter darauf zugingen, erkannten sie, daß es die
Lichter der Stadt waren. Obwohl sie müde waren, hatten sie
es jetzt eilig. Und tatsächlich erreichten sie nachts noch die
Stadt.

Der Junge und der ältere Mann gingen gleich ins Wirtshaus, um etwas zu essen zu bestellen, während der Reiter
zuerst sein Pferd versorgte. Danach ging auch er ins Wirtshaus. Als er die Tür öffnete, erschrak er vor dem Lärm, der
ihm entgegenschlug. Zu lange war er im stillen Wald gewesen, der Lärm schien jetzt doppelt laut. Das Wirtshaus
war voll, offensichtlich gab es ein Fest. Die Cowboys hatten
Whisky getrunken und tanzten mit den Mädchen wild und
ausgelassen zu schriller Musik über die Tanzfläche. „Jingle
bells", tönte aus der Musicbox.

Es war heiß und stickig, und der Reiter bekam kaum Luft.

Der ältere Mann und der Junge saßen schon an einem
langen Tisch mit anderen Trappern zusammen. Sie hatten
gegessen und erzählten jetzt, wie sie sich im Schneesturm
verirrt hatten.

„Drei Tage sind wir umhergeirrt und hatten nichts zu
essen", sagte der ältere Mann. Er wischte sich die Stirn, denn
der Whisky machte ihm warm. „Bis dann das Pferd…" Er
stockte und schaute den Reiter und den Jungen erschrocken
an. Ebenso erschrocken sahen die beiden auf den Älteren.

„Was war mit dem Pferd?" fragte einer der Trapper mit
schwerer Zunge. Mechanisch antwortete der ältere Mann:
„Das Pferd sagte…" Aber weiter kam er nicht, denn
schallendes Gelächter der Trapper unterbrach ihn.

„Das Pferd sagte… das Pferd sagte… das Pferd sagte",

sangen sie und schlugen mit ihren Whiskygläsern begeistert den Takt auf dem hölzernen Tisch.

Die drei Männer blickten sich an. Sie wußten plötzlich, daß sie ein Geheimnis teilten und verstummten.

Nach einiger Zeit sagte der ältere der drei zögernd: „Man sagt, daß in der Christnacht…" Aber er sprach nicht weiter, sondern starrte in sein Whiskyglas.

„Ich habe gehört…", sagte der Reiter leise, aber auch er zögerte, weiterzureden.

„In der Christnacht sollen die Tiere reden können, wenn Not am Mann ist", sagte der Junge tapfer und schaute in die Runde.

Dröhnendes Gelächter antwortete ihm. Aber eines der Mädchen, das die Gläser wegräumte, raunte ihm zu: „Gestern war Christnacht!" Sie sagte es leise, doch auch die beiden anderen Männer hatten es gehört.

Sie blickten sich schnell an. Aber alle dachten das gleiche. Als sie sich am nächsten Tag verabschiedeten und jeder seiner Wege ging, umarmten sie sich freundschaftlich. Und der Junge und der ältere Mann streichelten verstohlen das Pferd.

Weihnachten in Trakehnen

Trakehnen – die Heimat der weltberühmten Trakehner Pferde – war nicht nur das eine große Gestüt. Auch viele Bauern und kleine Züchter besaßen zwei oder drei Stuten. Sie arbeiteten mit den Stuten in der Landwirtschaft oder ritten sie – und ein über das andere Jahr bekamen die Stuten ihre Fohlen, die meistens in den großen Herden des Hauptgestüts aufwuchsen.

Die Landwirte hatten das ganze Jahr über viel Arbeit. Das Land war weit, und die Felder waren riesig. So sah man sich selten. Aber am zweiten Weihnachtstag traf man sich – selbstverständlich mit den Pferden.

Der Heilige Abend war auf den Höfen noch voller Geschäftigkeit. Es wurde frisches Hefegebäck gebacken, die Weihnachtsgänse wurden vorbereitet und in den Ofen geschoben. Überall duftete es nach Pfefferkuchen, Mandeln und Rosenwasser, denn auch Marzipan wurde selbst gemacht. Das berühmte Königsberger Marzipan war in Ostpreußen alte Tradition.

Nachmittags kehrte dann Ruhe ein auf den Höfen. Man zog sich festlich an, die Mägde flochten ihre Zöpfe neu und erledigten die letzten Kleinigkeiten vor dem großen Fest.

Endlich wurden die Pferde angespannt, und im zweispännigen Schlitten fuhr man zur Kirche.

Die Höfe lagen meist weit verstreut. Nicht in jedem Dorf

gab es eine Kirche. So hatte man oft eine gute Strecke zu fahren. Am späten Nachmittag wurde losgefahren, und da man erst im Dunkeln zurückkommen würde, wurden Laternen an die Schlitten gesteckt, die nach dem Gottesdienst auf der Rückfahrt angezündet wurden.

Die Pferde waren in der Weihnachtswoche meist ausgeruht, denn auf den Feldern gab es im tiefen Schnee keine Arbeit mehr für sie. Sie waren unruhig, während sie eingespannt wurden, und manche Stute schüttelte in der Vorfreude aufs Laufen übermütig den Kopf, so daß die Schlittenglocken hell läuteten.

Die Leute vom Hof zogen sich warm an, denn die Fahrt würde kalt werden. Dicke Decken wurden über die Knie gelegt, man trug Pelzmützen und einen großen Muff, die Füße in den festen Fellstiefeln standen auf heißen Ziegelsteinen, die am Boden des Schlittens lagen.

Die Schlittenkufen glitten lautlos über den Schnee, und lange hörte man nur das gleichmäßige Geläut der Schlittenglocken im Rhythmus des Trabes. Nach und nach aber waren dann auch andere Schlittenglocken zu hören, und die Leute wandten die Köpfe, um zu sehen, woher die anderen Schlitten kamen. Je näher man der Kirche kam, desto mehr Glöckchen waren zu hören, und endlich dann auch das feierliche Läuten der Kirchenglocken.

Vor der Kirche stieg man aus und überließ die Pferde der Obhut von zwei Knechten, während der Bauer und seine Familie in die Kirche gingen. Die Knechte deckten die Pferde warm ein und tränkten sie nach einiger Zeit, wenn die Fahrt lang gewesen war. Danach bekamen sie einen Futtersack um den Kopf gehängt und fraßen ihren Hafer.

Kalt war den Pferden nicht, und bevor der Gottesdienst zu Ende war, fuhren die Knechte eine kleine Runde ums

Dorf, damit die Pferde „wieder geschmeidig" wurden. Endlich ging es zurück zum Hof, wo einige Leute zurückgeblieben waren, um das Weihnachtsessen vorzubereiten. Der Braten war jetzt fertig, und nachdem die Pferde versorgt waren, setzte man sich zu Tisch. Der bog sich fast unter den vielen Speisen, denn zu Weihnachten ließ sich niemand lumpen.

Da war die mit Maronen gefüllte Weihnachtsgans, die mit Gemüsen umlegt war, die eingelegten Fische schillerten in ihrem Gelee, und in vielen Familien gab es auch Wild oder Rebhühner und Fasane.

Zum Nachtisch aß man heißen Rosinenpudding mit Rum; der Rum wurde angezündet, und die blaue Flamme erleuchtete geheimnisvoll das halbdunkle Zimmer. Oder man aß Marzipan und süße Plätzchen mit Schmand oder Zuckerkringel, obwohl man im Grunde schon vom Gänsebraten und den Fischen satt war.

Vor der Bescherung ging es in den Stall. Alle Leute des Hofes gingen mit, um auch Pferden und Kühen, den Schweinen und sogar dem Geflügel eine kleine Weihnachtsgabe zu bringen. Gänse und Hühner bekamen eine Extraportion Getreide hingestreut, was helle Aufregung und wildes Geschnatter im Stall verursachte. Den Kühen wurden ihre Tröge noch einmal mit Heu gefüllt, die Schweine bekamen die Essensabfälle der letzten Tage, die die Mägde für diesen Abend sorgfältig gesammelt hatten; meist war auch noch ein bißchen mehr als nur Essensabfälle dabei.

Dann ging es in den Pferdestall. Obwohl besonders die Kinder gespannt auf die Bescherung warteten, hielten sie sich hier ohne Ungeduld gerne länger auf.

Der Bauer ging von Box zu Box, von Stand zu Stand und sagte zu jedem Pferd ein paar Worte. Jedes Fohlen, das die

Stuten im Frühjahr geboren hatten, und das jetzt in der großen Fohlenherde auf dem Hauptgestüt in Trakehnen lief, nannte er beim Namen. Niemals verwechselte er die Namen der Fohlen, sogar ihre Farben oder Abzeichen, jede Besonderheit wurde erwähnt und den Leuten vom Hof ins Gedächtnis gerufen, so daß es schien, als ob auch die gar nicht anwesenden Fohlen heute abend hier mit dabei waren.

Der Bauer klopfte den Stuten den Hals und sprach mit ihnen, jede erhielt eine Handvoll trockenes Brot oder von den Kindern auch manchmal einen Zuckerkringel.

Endlich war die Bescherung. Im großen Zimmer stand eine hohe Tanne, die mit glitzernden Ketten, mit Kugeln und Zuckerbrezeln geschmückt war, unter der Tanne lagen die Geschenke.

Zuerst wurde aus der Weihnachtsgeschichte vorgelesen, dann sang man ein Weihnachtslied, und dann noch eins und noch eins – und als die Kinder es schon fast nicht mehr aushielten vor Spannung, gab es endlich die Geschenke.

Jeder bekam etwas. Die Knechte und Mägde erhielten meist praktische Dinge wie Röcke, Jacken oder Stiefel, aber die Kinder, die das ganze Jahr auch bei der Arbeit mithelfen mußten, bekamen Spielzeug geschenkt – die Mädchen Puppen, kleine Kaufläden und Puppenstuben, die Jungen Holzspielzeug, Reifen oder Kreisel. Und da sie nicht verwöhnt waren und nicht viel Spielzeug besaßen, freuten sie sich und sangen die nächsten Weihnachtslieder mit glänzenden Augen.

Nach der Kirchfahrt, dem guten Essen, dem Besuch im Stall und der Bescherung waren dann alle müde und gingen zu Bett. Am nächsten Morgen wollte das Vieh ja früh gefüttert werden, auch wenn es Weihnachtsmorgen war.

Der erste Weihnachtstag war ein stiller Tag. Alle waren müde vom vorigen Abend; man zeigte sich gegenseitig die Weihnachtsgeschenke und freute sich über sie. Am Nachmittag dann gab es Kaffeetrinken in der Großen Stube, an dem alle Hofbewohner teilnahmen. Es gab Berge von Plattenkuchen, selbstgebackene Pfefferkuchen, Schokoladentorten, Marzipan und Kakao für die Kinder. Meist war der erste Weihnachtstag ein „fauler" Tag.

Ganz anders der zweite Weihnachtstag, da war etwas los auf den Höfen. Es war der Tag des heiligen Stephan, an dem man sich zu Pferd besuchte. Ein Bauer, der vorher bestimmt wurde, ritt am späten Vormittag zu einem Nachbarn. Er brachte einen großen Kuchen mit oder einen kalten Braten und eine Flasche Wein. Mit ihm ritten die Knechte des Hofes und die älteren Kinder. Alle Reitpferde kamen an diesem Tag „unter den Sattel". Sie gingen unbeschlagen und konnten daher gut im Schnee laufen. Die Pferde waren ausgeruht, so daß der Ritt zum Nachbarn meist eher ein Rennen als ein gesitteter Ritt war. Die Kinder liebten den Stephans-Ritt. Beim Nachbarn gab es dann einen kleinen Umtrunk; man blieb im Sattel sitzen, bis der Nachbar die eigenen Pferde gesattelt hatte und mit Knechten und Kindern weiterritt zum nächsten Nachbarn.

So ging es von Hof zu Hof. An die fünfzig Reiter waren am Ende unterwegs, und die Pferde brauchten über mangelnde Bewegung nicht zu klagen.

Auf den Höfen wurde viel gelacht und gescherzt, wenn die Reiter kamen. Die Ankunft der Stephans-Reiter rief jedesmal große Begeisterung hervor und war eine ersehnte Abwechslung in den einsamen Wintermonaten, in denen man auf den Höfen ziemlich abgeschnitten von der Umwelt war.

Die Reiter ritten in der großen Runde und trafen am Nachmittag dann bei dem Bauern ein, der den Ritt begonnen hatte. Von den vielen Schnäpschen zur Begrüßung war man dann bereits recht angeheitert – jedenfalls fror kaum jemand, trotz eisiger Kälte und oft heftigem Schneetreiben. Der erste Bauer blieb jetzt zu Hause, während die anderen Nachbarn weiterritten. Nach und nach löste sich die Reitergruppe dann wieder auf.

Am Abend des Stephans-Tages war Weihnachten dann zu Ende. Die Pferde wurden gründlich „gewartet", wie man das damals nannte. Das heißt, die Sattellagen wurden mit warmem Wasser abgewaschen, auch die verschwitzten Flanken und die Brust. Dann wurden die Pferde mit Strohwischen abgerieben und anschließend mit dicken Lagen Stroh bedeckt. Darüber erst kam die Decke, und dann bekamen die Pferde ihren wohlverdienten Hafer.

Nach ein paar Stunden schaute man nach, ob die Pferde richtig trocken waren; man erneuerte die Strohlage unter der

Decke und ließ die Pferde bis zum Morgen warm eingepackt stehen. Es war Ehrensache, daß jeder Reiter selbst nach seinem Pferd sah. Und nur selten hörte man, daß beim oft recht wilden Stephansritt ein Pferd zu Schaden gekommen war.

Weihnachten in Trakehnen – das war Weihnachten in einer vergangenen Zeit. Aber auch heute noch gehen viele Trakehner-Züchter am Heiligen Abend zu ihren Pferden in den Stall und geben ihnen eine Extraportion Futter oder eine Handvoll altes Brot. Sie denken an das große Gestüt in Ostpreußen und an die edlen Trakehner, mit denen damals Weihnachten gefeiert wurde.

Eine vergangene Zeit … sie endete im Jahr 1944. In diesem Winter waren Trecks aus Trakehnen unterwegs, und es waren keine fröhlichen Fahrten mit Schellengeläut. Es war Krieg, und Menschen und Pferde waren auf der Flucht vor der näherrückenden russischen Armee. Schwer beladen fuhren die Wagen über die teilweise zugefrorene Ostsee und auf schlammigen oder vereisten Wegen in Richtung Westen. Die Pferde leisteten Unglaubliches.

Stuten mit Fohlen bei Fuß zogen schwere Planwagen, unterwegs wurden Fohlen geboren und auf den Wagen gehoben, weil sie noch nicht mitlaufen konnten. Viele Pferde starben im Bombenhagel oder durch Maschinengewehrfeuer, viele brachen im Eis ein oder starben vor Erschöpfung am Straßenrand.

Die große Leistung der Trakehner Pferde auf dem Treck nach Westen ist Legende geworden – ohne diese Pferde hätten viele Menschen nicht überlebt. Später wurde mit den Trakehnern aus Ostpreußen die neue Zucht im Westen begründet. Trakehnen und seine tapferen Pferde aber bleiben unvergessen.

Wildpferde weisen den Weg

Vor über einem Jahr waren die drei Verhaltensforscher in die Mongolei gekommen, um eine der letzten Wildpferd-Herden der Welt zu beobachten.

Im Winter waren sie zu der Herde gestoßen. Es war nicht leicht gewesen, sie zu finden; mongolische Hirten hatten ihnen immer wieder Hinweise gegeben. Aber wenn die Männer an den Ort kamen, wo die Herde sein sollte, war sie schon weitergezogen. Und in dem felsigen Gelände sah man kaum eine Hufspur.

Natürlich hätte man die Herde vom Hubschrauber aus suchen können. Aber das wollten die Männer nicht. Sie wollten die scheuen Pferde nicht erschrecken, sondern sich ihnen langsam nähern, ihr Vertrauen gewinnen. Dann könnten sie ihnen nach einiger Zeit vielleicht ganz nahe kommen.

Und tatsächlich entdeckten sie die Herde eines Tages. Es waren etwa dreißig Tiere, geführt von einer alten Leitstute. Die Pferde waren graugelb, an den Beinen hatten sie waagerechte Streifen, das Zeichen der Urpferde, die lange wirre Mähne fiel ihnen über die Augen. Ihre Körper waren gedrungen und wirkten recht plump; aber bald stellten die Forscher fest, wie geschickt sich die Pferde in dem unwegsamen Gelände bewegten. Katzenhaft geschmeidig kletterten sie steile Abhänge hinauf und galoppierten über Geröllhalden, als seien es Rennbahnen. Sie waren der Landschaft vollkommen angepaßt.

Als die Forscher die Pferde entdeckten, standen sie an einem kleinen See am Rande der Wüste. Hinter den Pferden erstreckten sich die schneebedeckten Berge des Tien-Shan-Gebirges, aber bis dahin war es weit. Der See war so ruhig, die Luft war so klar und durchsichtig, daß sich die ganze Herde im Wasser spiegelte – ein hinreißendes Bild, das die Forscher nie vergessen sollten.

Sie schlugen weit entfernt von der Herde ihr Lager auf; und sie wußten, daß es Monate dauern würde, bis sie sich den wilden Pferden nähern konnten.

Aber schon nach einigen Wochen flohen die Tiere nicht mehr, wenn sie das Geräusch des Jeeps hörten – so wie sie es zu Anfang getan hatten. Sie ertrugen auch den Geruch der Menschen und den des Lagerfeuers – nach und nach verstanden sie, daß ihnen von ihren neuen Begleitern keine Gefahr drohte.

Der Bann war gebrochen, als die Fohlen geboren wurden. Sie sahen die Menschen vom ersten Tag ihres Lebens an; und neugierig, wie Fohlen sind, näherten sie sich immer weiter dem Lager.

Durch die neugierigen Fohlen bekamen auch die Jährlinge Mut. Sie beschnupperten das Zelt, wenn die Männer nicht dort waren, und betasteten mit den Hufen die herumliegenden Dinge. Sie trugen den Menschengeruch in ihre Herde, und die Herde wurde zutraulicher.

Der Chef der kleinen Forschergruppe war John Beam. Er hatte schon Wildpferde in Australien und in der Sahara beobachtet und besaß viel Erfahrung. Er war auch derjenige, der die anderen zur Geduld ermahnte und sie davor warnte, jemals ein Pferd anzufassen. „Wir wollen sie nicht zähmen", sagte er, „sie sollen ihre Scheu vor den Menschen behalten. Nur das kann ihnen ihr Überleben sichern. Sie dürfen Jägern nicht in die Hände fallen."

Andererseits konnten die Männer dadurch, daß sie näher an die Herde herankamen, einzelne Pferde unterscheiden. Sie sahen, daß die alte Leitstute in diesem Jahr kein Fohlen bekommen hatte. Sie sahen auch das Fohlen mit einer angeborenen Schwäche an einem Bein, das nach einer wilden Verfolgungsjagd später von Wölfen gerissen wurde.

Sie griffen nicht ein, denn in einer Wildpferd-Herde galten Naturgesetze.

John Beam war ein hagerer Mann mit grauen Haaren und dem kurzen Oberlippenbart, den englische Gentlemen gern tragen.

Seine beiden Begleiter waren früher einmal seine Schüler gewesen, jetzt waren auch sie anerkannte Wissenschaftler.

Maurice Briant war Franzose und Jacques Davis Afrikaner. Er hatte mit seiner dunklen Haut viel Aufsehen in den Zelten der Mongolen erregt, denn dunkelhäutige Menschen hatten sie noch nie gesehen.

Aber so wie John Beam und Maurice Briant hatte auch Jacques Davis die Landessprache gelernt, bevor er diesen Forschungsauftrag bekommen hatte. Und als er den gastfreundlichen Hirten in gutem Mongolisch erklären konnte, worum es ging, war das Eis schnell gebrochen.

Die Männer waren überall freundlich aufgenommen worden. Wohin sie auch kamen – immer erhielten sie den Ehrenplatz in den Filzzelten der Hirten. Und stets mußten sie bis spät in die Nacht von ihren Forschungsreisen erzählen.

Die drei erfuhren selbst auch viel Wissenswertes. Geschichten aus alter Zeit hörten sie; und einer der Hirten führte sie sogar zu einem seltenen Knochenfund. Es war ein

Dinosaurierknochen, der halb vom Sand zugeweht im Boden lag. Die Forscher nahmen ihn mit, um ihn am Ende ihrer Reise in London untersuchen zu lassen.

Jetzt war Winter, und es war bitterkalt in der mongolischen Jurte. Die Männer waren den Wildpferden den ganzen Tag mit ihrem Jeep gefolgt. Die Herde hatte Futter gesucht und sich immer im Windschatten der Berge aufgehalten.

Dennoch gingen sie einen seltsamen Weg, fand John Beam. Er hatte das Weidegebiet der Pferde seit Monaten erforscht und kannte ihre Wege. Er kannte auch die Grenzen dieses Gebietes, und er sah, daß die Pferde zielstrebig aus ihrem Gebiet herausgingen. Außerdem war die Herde unruhig; die Tiere legten jetzt täglich eine größere Strecke zurück als je zuvor. Das konnte nicht am mangelnden Futter liegen, denn hier im Schutz der Berge gab es noch genügend Gras, so daß die Herde ohne weiteres zwei oder drei Tage an einem Platz bleiben könnte.

Manchmal aber brachen sie sogar nachts auf, und die Forscher hatten am nächsten Morgen Mühe, ihre Spur zu finden. Die Fohlen, die im Frühjahr geboren worden waren, waren jetzt ein halbes Jahr alt und schon recht kräftig. Sie konnten bereits lange und schnelle Wanderungen aushalten. Und Dr. Beam hatte den Eindruck, daß es sich hier um eine lange und schnelle Wanderung mit einem ganz bestimmten Ziel handelte.

John Beam saß in der Mitte der Jurte. Dort war der wärmste Platz, denn das Feuer aus Kameldung und kleinen Ästen brannte hell; außerdem hing die blakende Petroleumlampe von der Decke herab. Er und seine beiden Kollegen hatten getrocknetes Fleisch gekocht und eine Konservendose mit Gemüse geöffnet. Die kleinen herben Bohnen, die

die Mongolen zu fast jeder Mahlzeit aßen, bekamen ihnen nicht. Zwar hatten sie jetzt nicht mehr für jeden Tag genügend Konserven; aber sie gingen sparsam damit um und nahmen statt des Essens manchmal nur eine Vitamintablette – das ging auch. Zum Gemüse hatte es Reis gegeben, und Jacques hatte Tee gekocht, der wärmte sie.

Mit der Karte auf den Knien zeichnete John Beam den Weg der Pferde nach.

„Seltsam", er klopfte seine Pfeife am Absatz aus, „seit einer Woche gehen die Pferde genau nach Norden. Die Strecke sieht auf der Karte aus wie von einem Lineal gezogen. Natürlich machen sie tagsüber mal einen Umweg, wenn sie Futter suchen – aber am Abend ist ihr Lagerplatz immer wieder genau nördlich vom Lagerplatz des Vortages. Merkwürdig!" Er schrieb und rechnete noch eine Zeitlang weiter, schließlich sagte er: „Seit Weihnachten geht das jetzt so. Genau am Weihnachtstag fingen sie an, so loszumarschieren. Ich kann mir das nicht erklären!" Kopfschüttelnd legte er die Mappe mit seinen Aufzeichnungen und der Karte weg. Er wollte noch an seine Frau in England schreiben und den Brief einem Mongolen mitgeben, der ihn wieder an einen anderen Mongolen weitergeben würde. Irgendwann würde der Brief dann hoffentlich in einer Stadt im Briefkasten landen und nach London gehen. John Beam hoffte, daß das so klappte. Er schrieb seiner Frau von dem Weihnachtsfest in der kleinen Jurte.

„Draußen war es beißend kalt", schrieb er. „Den ganzen Tag über hatten wir starken Wind, der in der Nacht noch zunahm. Aber unsere Jurte hat ihm standgehalten. Wir – Jacques, Maurice und ich – haben uns zur Feier des Tages ein richtiges Festessen gemacht. Jacques hatte einen Fasan geschossen, den haben wir gebraten. Maurice hatte noch eine halbe Flasche Whisky, und als wir die getrunken hatten, begann er, französische Weihnachtslieder zu singen. Jacques sang ein paar afrikanische Lieder, die wir aber gut verstanden – und ich sang selbstverständlich *White Christmas,* was in die verschneite Steppe paßte ..." John Beam schrieb noch ein paar Zeilen, dann legte er den Bleistift weg und sagte nachdenklich: „Wenn ich nur wüßte, wohin die Pferde gehen ..."

Aber seine Kameraden konnten es sich auch nicht erklären. So beschlossen sie, abzuwarten und den wilden Pferden zu folgen.

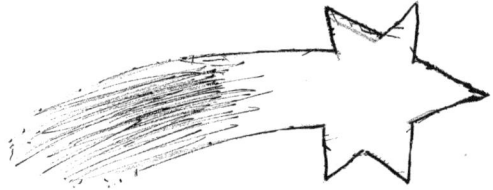

Am nächsten Morgen waren die Pferde wieder verschwunden, als die Forscher aus ihrer Jurte schauten. Aber sie machten sich keine besonderen Sorgen.

„Nach Norden, Freunde", rief Jacques zuversichtlich. „Norden ist jetzt immer richtig!"

Und tatsächlich fanden sie nach einigen Kilometern die Spuren der Herde und sahen bald auch die Pferde, die eifrig vorwärts gingen.

„Als ob sie einen Auftrag hätten ...", sagte Maurice nachdenklich. „Wer weiß, wo sie hinwollen!"

Und so ging es weiter. Die Wildpferde brachen jeden Morgen früher auf. Die Strecken, die sie wanderten, wurden täglich länger, und die Pferde gingen immer schneller. Die Forscher folgten ihnen erstaunt und immer neugieriger.

„Direkt nach Norden", stellten sie jeden Abend fest, wenn sie die Tagesstrecke in die Karte eintrugen. Und manchmal sahen sie auch tagsüber auf den Kompaß und wunderten sich, daß die Pferde die Richtung so genau einhalten konnten.

„Wie von einem Magnet angezogen", sagte John Beam und dachte unwillkürlich an den Magneten im Kompaß, der immer nach Norden zeigt, und an den Polarstern.

Am Abend des 4. Januar war die Herde unruhiger als gewöhnlich. Die älteren und die ganz jungen Pferde legten sich nicht hin wie sonst, sie knickten nur ein Hinterbein ein und dösten. Es sah aus, als ob die ganze Herde nur kurz ausruhen wolle.

So schlugen die Forscher ihre Jurte gar nicht auf, sondern blieben im Jeep.

„Verdammt unbequem und kalt", sagte Jacques, und die anderen beiden stimmen ihm zu. Aber sie hatten richtig gehandelt, denn nach nur drei Stunden brach die Herde auf und ging eilig weiter. Entschlossen folgten die Männer den wilden Pferden.

Bis zum nächsten Mittag gingen die Tiere zügig voran, erst dann gönnten sie sich eine Rast und grasten.

Am Abend dann ruhten sie wieder nur kurz und gingen die ganze Nacht hindurch, die Männer fuhren ihnen mit dem Jeep langsam nach.

Ganz früh am Morgen, bei den ersten Sonnenstrahlen, begannen die Pferde plötzlich zu galoppieren. Zuerst dachten die drei Forscher, irgend etwas hätte die Herde erschreckt und zur Flucht getrieben, aber es war keine Flucht, das merkten die Männer nach kurzer Zeit. Die Pferde galoppierten zwar sehr schnell, aber ganz gleichmäßig über die felsige Geröllhalde auf einen bestimmten Punkt zu.

Und dann sahen die Männer an eine Felswand geschmiegt eine kleine alte Jurte, eher ein Stall als ein Zelt für Menschen. Manchmal überwinterten die Mongolen ihre Schafe in solchen kleinen einfachen Jurten. Dorthin strebten die Pferde.

Als sie bei der Jurte ankamen, trat ein älterer Mann heraus. Sein langer Mantel war verschlissen, die Filzstiefel waren abgetragen und dunkel vor Alter.

Die Pferde zeigten nicht die geringste Scheu vor ihm. Im Gegenteil – sie drängten sich um die Jurte, als wären sie am liebsten hineingegangen.

Erstaunt fuhren die drei Forscher so nahe an die Herde heran, wie sie es für richtig hielten, denn ganz nahe wollten sie immer noch nicht an die Pferde herankommen.

Sie stellten den Motor ab und stiegen langsam aus dem Jeep. Von weitem riefen sie den Mann an, der ihnen winkte, näher zu kommen.

Vorsichtig näherten sich die Männer den wilden Pferden, sorgfältig darauf bedacht, sie nicht zu erschrecken. Aber die Pferde bogen ihnen die Hälse entgegen und beschnupperten sie freundlich, so wie sich Mitglieder einer Herde begrüßen.

Auch als John Beam eine Hand hob und vorsichtig einen Junghengst berührte, wich dieser zu seinem Erstaunen nicht zurück, sondern beugte sich der streichelnden Hand entgegen. John Beam hatte schon viele Wildpferde gesehen – aber so etwas hatte er noch niemals erlebt. Er war zu verblüfft, um sprechen zu können und hatte das Gefühl, in einer Traumwelt zu sein.

Für den Mongolen aber schien alles ganz natürlich zu sein. „Kommt herein", sagte er und schlug das Tuch zurück, das den Eingang verdeckte. „Wir freuen uns über euren Besuch. Die Frau hat ein Kind bekommen vor zwölf Tagen, und wir hatten schon Besuch von einigen Hirten. Aber

112

Fremde wie ihr sind eine besondere Ehre für uns."

Maurice bemerkte, daß der Mann nicht „meine Frau" gesagt hatte, sondern „die Frau". Aber er konnte sich auch getäuscht haben, dachte er, war sicher auch nicht wichtig. Die junge Frau am Feuer war ein noch sehr junges Mädchen. Ihre schwarzen Haare waren nicht so wie sonst bei mongolischen Frauen zu Zöpfen geflochten, sie fielen ihr offen über die Schultern. Nur über der Stirn waren sie von einem Silberreif gehalten, der mit leuchtendroten Korallen besetzt war. Im Silber spiegelte sich der Schein des Feuers wider.

Auf dem Schoß der jungen Frau lag das Kind, es lachte. Trotz der ärmlichen Umgebung und der Kälte ringsum strahlte es Zufriedenheit und Fröhlichkeit aus.

Die junge Frau lächelte und zeigte auf ein paar einfache Wolldecken neben sich. „Setzt euch", sagte sie. Es war, als hätte sie die Männer erwartet.

Wie verzaubert schauten die drei auf die junge Frau und das kleine Kind. Sie dachten an die Herde, die sie hergeführt hatte, und hörten das Hufgetrappel vor der Jurte. Fast konnten sie die Pferde atmen hören, so nahe waren sie beim Zelt.

„Kennt ihr die Pferde?" fragte John Beam, der sich als erster faßte.

„Nein", antwortete die junge Frau, „aber seit wir hier sind, kommen viele Tiere zu uns. Sie wollen meinen Sohn sehen ..." Das sagte sie ganz leise. Sie strich dem Kind sanft über das kleine Gesicht, und in ihren Augen war eine unbestimmte Traurigkeit, als ob sie ferne, dunkle Dinge sähe.

„Wir können euch nicht viel anbieten", sagte der alte Mann, der die junge Frau mit einer seltsamen Ehrerbietung ansah. „Aber etwas Tee haben wir noch."

„Nein, nein", sagte Jacques schnell, und er wußte nicht, warum er das sagte. „Wir haben euch etwas mitgebracht. Wir haben noch Konserven und Vitamintabletten und Dörrfleisch! Und guten Reis!" Eifrig stand er auf und ging aus dem Zelt.

„Ich habe noch etwas Tabak", sagte Maurice und stand ebenfalls auf. „Ich hole ihn!"

John Beam griff in seine Jackentasche und zog ein altes Goldstück heraus, das er vor einigen Jahren geschenkt bekommen hatte und immer bei sich trug. „Das ist für das Kind, wenn ihr einmal in Not kommt", sagte er.

Die junge Frau lächelte, und John Beam sah sie etwas verlegen an.

Dann kamen Maurice und Jacques zurück und legten Reis, Dörrfleisch, ein paar andere Lebensmittel und den Tabak neben die Feuerstelle. Es war ein richtiger kleiner Berg Geschenke.

Das Teewasser surrte im Kessel, und der alte Mann goß das kochende Wasser über den Tee.

Die drei Männer kochten Reis und weichten das Dörrfleisch ein, sie öffneten die Konservendosen und mischten das Gemüse unter den Reis.

Alle waren eifrig beschäftigt, nur die junge Frau saß schweigend mit ihrem Kind am Feuer. Und obwohl Kochen in der Mongolei die Aufgabe der Frau ist, schien keinem der Männer aufzufallen, daß sie es nicht tat.

Sie bekam die erste Schüssel Reis und dankte mit einem kleinen Lächeln, das den Männern zu Herzen ging.

Nach dem Essen gingen alle hinaus zu den Pferden, die dicht aneinandergelehnt dastanden. Auch die junge Frau mit dem kleinen Kind kam mit hinaus. Sie gingen von einem Pferd zum anderen und konnten jedes berühren, und keines wich vor ihnen zurück. Ganz ruhig standen sie da.

Für die drei Wissenschaftler war es die Erfüllung eines Traums – und ein Rätsel zugleich. Niemals waren sie wilden Pferden so nahe gekommen.

Endlich schlugen sie ihr Zelt dicht neben der Jurte auf, doch sie konnten lange nicht einschlafen.

Schließlich stand John auf und zündete die Petroleumlampe an, die mitten im Zelt hing. Er nahm sein Notizbuch, um wie immer die Beobachtungen des Tages einzutragen.

6. Januar, Dreikönigstag stand im Kalender. Nachdenklich sah John Beam auf das Datum. Dann schlug er das Notizbuch langsam wieder zu und legte es weg. Er war sich nicht sicher, ob er das eintragen wollte, was sie heute erlebt hatten. Er hätte es doch nicht richtig beschreiben können.

Das blaue Karussellpferd

„Mom", Cherry wickelte sich eine lange blonde Haarsträhne um den Finger und verzog den Mund. „Doch nicht ausgerechnet zum Weihnachtsmarkt! Ehrlich, für Fred und Careen, die sind noch klein, ist das okay. Aber ich bin wirklich zu alt für so was! Es ödet mich an, das weißt du doch."

Natürlich wußte Cherrys Mutter, daß ihrer Tochter solche Dinge keinen Eindruck machten – außer vielleicht das neue Auto ihres Klassenkameraden Gregory. Aber auch da war die Mutter sich nicht sicher: Cherry war „absolut cool". Viel zu cool, dachte ihre Mutter, dem Kind entgeht so viel.

Aber Cherry konnte sich nun einmal nicht für Glitzerkram begeistern, schon gar nicht für Glitzerkram zu Weihnachten.

„Mein Gott", sagte sie oft, „muß denn jedes Jahr dieser Aufstand sein! Weihnachtsbaum, Christmas-Party, Jingle Bells und all der Kram! Das ist wirklich langweilig!"

In gewissem Sinn stimmte die Mutter ihr zu. Weihnachten, wie sie es als Kind kannte, gab es schon lange nicht mehr. In New York gingen schon ab Oktober verkleidete Weihnachtsmänner durch die Kaufhäuser und versuchten die Kunden zum Kauf von Dingen zu verlocken, die sie im Grunde gar nicht brauchten. Weihnachten war ein großes Verkaufsfest geworden, laut und aufdringlich.

Dennoch machten auch Cherrys Eltern mit und überhäuften ihre Kinder jedes Jahr mit Geschenken. Die beiden Kleinen freuten sich sehr, aber Cherry lehnte diese Art von Weihnachten schon seit Jahren ab. Es gab jedes Jahr wieder Schwierigkeiten, damit sie sich ordentlich benahm, wenn die Großeltern kamen und Geschenke brachten, die – das mußte Cherrys Mutter zugeben – wirklich sehr altmodisch waren.

Dennoch mußte Cherry sich jedes Jahr fügen, darauf bestanden die Eltern, so auch in diesem Jahr. Cherry hatte widerwillig nachgegeben. Aber daß sie jetzt am Weihnachtstag mit ihren Großeltern auch noch zum Weihnachtsmarkt gehen sollte – das war zuviel. Cherry wußte, daß die Großmutter wieder sagen würde, wie kommerziell und kalt alles geworden sei, und daß es früher viel schöner war. Cherry grauste davor, und sie grollte und schmollte und hatte den ganzen Morgen schon schlechte Laune.

„Schluß jetzt", sagte ihr Vater gegen Mittag energisch. „Du gehst mit und benimmst dich erstklassig. Ich will nicht, daß meine Eltern denken, wir hätten unsere Kinder nicht ordentlich erzogen."

Cherry verzog spöttisch die Lippen. Immerhin hatte sie durchgesetzt, daß Gregory sie mit seinem neuen Auto auf den Weihnachtsmarkt bringen durfte.

„Aber nur, wenn ihr pünktlich seid", hatte der Vater in dem Ton gesagt, den Cherry kannte. Tatsächlich erschien sie pünktlich mit Gregory vor dem Tor des Weihnachtsmarktes, wo ihre Eltern und Großeltern schon auf sie warteten.

Gregory hatte versprochen, mitzukommen, und das tröstete Cherry ein bißchen.

„Schön, daß du gekommen bist, Kind", sagte die Großmutter und legte ihr den Arm um die Schulter. „Jetzt machen wir uns einen schönen Nachmittag!" Sie ging durch das tannengeschmückte Tor auf einen Stand mit Zuckerwatte zu und kaufte eine große Portion.

Cherry lächelte ein bißchen abfällig; sie fing aber einen vielsagenden Blick ihres Vaters auf und senkte schnell die Augen.

Der Großvater hatte gute Laune. „Komm", sagte er zu seiner Frau, „wir fahren Karussell! Da gibt es noch so ein altes Karussell mit Pferden!"

Lachend gingen sie auf ein altes Kinderkarussell zu, das sich gemächlich zur Musik drehte. Zwischen den Autoscootern und den vielen großen, elektronisch betriebenen Karussells sah es klein und altmodisch aus, und auf den bunten Holztieren saßen meist kleine Kinder.

Cherrys Großmutter sagte – wie immer, fand Cherry: „Das ist ja noch das alte Karussell von damals … weißt du noch?" Sie sah ihren Mann an, der ihr schnell zulächelte.

Cherry fühlte sich ausgeschlossen von der Wärme, die die beiden alten Menschen umgab. Fast wurde sie neidisch.

„Willst du auch mitfahren?" fragte ihre Großmutter.

„Nein", Cherry schmollte immer noch. „Das ist was für Babys!"

Aber Gregory sagte unerwartet: „Ich würde gern mitfahren, so was hab ich noch nie gemacht!"

Cherry drehte sich zu ihm um und blickte ihn erstaunt an. Das hätte sie ihm nicht zugetraut; sie hatte ihn immer für total cool gehalten. So cool wie sie selbst. Und jetzt wollte er mit einem Kinderkarussell fahren!

„Komm doch mit", bat Gregory. „Ich nehme das rote Pferd und du das blaue dort! Das mit den runden, angemalten Augen! Dann reiten wir einmal um Weihnachten herum!"

Verblüfft nickte Cherry.

Als das Karussell hielt, half der Großvater seiner Frau

galant auf ein Pferd; kichernd ordnete sie ihren Rock. „Wie damals", sagte sie leise zu ihrem Mann. Elegant schwang Cherrys Großvater sich auf das rote Holzpferd neben seiner Frau und lüftete grüßend den Hut, als ob er sie zum ersten Mal sähe. „Einen guten Ritt, meine Liebe", sagte er lachend und beugte sich zu ihr hinüber. Aber dann mußte er sich schnell festhalten, dann unter Gebimmel begann sich das Karussell zu drehen.

Cherry fand es albern, hier auf dem kleinen blauen Holzpferd zu sitzen und sich langsam in der Runde drehen zu lassen. Sie schaute Gregory an, aber der lachte und hatte eine kindliche Freude an diesem einfachen Vergnügen.

Nach und nach jedoch überließ sie sich den schaukelnden Bewegungen des Pferdes und lauschte der altmodischen Musik.

Plötzlich hatte sie das undeutliche Gefühl, daß sich etwas verwischte… Irgend etwas war verändert: Die Melodie des Karussells war eine andere geworden, der Platz um sie her war mit anderen Buden besetzt, und seltsamerweise lag Schnee, obwohl es gar nicht geschneit hatte.

Verdutzt blickte sie Gregory an und wollte ihn gerade fragen, ob er die Veränderung auch bemerkt hatte – da sah sie einen fremden Jungen auf dem roten Pferd neben sich. Oder kannte sie ihn? Er war ärmlich angezogen. Die Ärmel seiner dunklen Jacke waren zu kurz und an den Handgelenken abgeschabt. Die Hände des Jungen waren rot vor Kälte, und auch seine Ohren unter der billigen Tweedmütze glühten. Aber er lachte sie an, und seltsam – er war ihr völlig vertraut.

„War doch gut, daß wir unser Geld hierfür ausgegeben haben!" sagte er lachend, und Cherry nickte begeistert.

Sie streckte ihm die Zuckerwatte entgegen, die sie sich

gemeinsam gekauft hatten, und er biß ein großes Stück aus dem süßen, seidigen Gewirr heraus. Es legte sich wie ein silberner Schnurrbart um seinen Mund, und er konnte nicht sprechen, bevor er ihn sich abgeleckt hatte. Darüber wollten sich beide ausschütten vor Lachen.

„Es ist herrlich, auf einem Karussellpferd zu reiten", sagte Cherry. „Es war wirklich gut, daß wir unser Geld dafür ausgegeben haben. Aber fünf Cents haben wir noch – sollen wir noch einmal fahren?"

Der Junge überlegte. „Eigentlich wollte ich dir von den fünf Cents eine Schleife für dein Haar kaufen. Das würde ich lieber tun."

Cherry spürte, daß sie rot wurde. Aber eine neue Haarschleife wünschte sie sich schon lange, und sie hatte keine zu Weihnachten bekommen. Überhaupt hatte es kaum Geschenke gegeben in diesem Jahr. Der Vater hatte keine Arbeit, und da waren noch drei Geschwister. Heute, am Weihnachtsmorgen, hatte sie ein Paar Strümpfe und ein neues Gesangbuch bekommen. Über das Gesangbuch hatte sie heimlich die Nase gerümpft, es war ein langweiliges Geschenk, aber die Strümpfe waren wirklich schön. Leider waren sie noch etwas zu groß, doch bis zum Sommer würden ihre Füße bestimmt gewachsen sein, dann würden die Strümpfe passen.

Und dann hatte da noch ein Päckchen für sie unter dem Weihnachtsbaum gelegen. Es war von der Großmutter, die in Vermont wohnte; das sah sie gleich an der liebevollen Verpackung: Das einfache Papier war mit Blumen und Sternen bemalt und mit einem bunten, geflochtenen Band umwickelt.

Sie öffnete das Päckchen und fand einen roten Schal darin. Knallrot war er und dick und warm. Den hatte Granny selbst gestrickt. In dem Schal war noch ein Umschlag, auf dem stand: *Für den Weihnachtsmarkt.* Und in dem Umschlag waren fünfzig Cents, ein kleines Vermögen für ein armes Mädchen aus der Bronx, das sich nicht immer sattessen konnte.

Cherry war atemlos vor Glück. Immer schon hatte sie auf den Weihnachtsmarkt gehen und auf einem Karussellpferd reiten wollen – doch für solche Vergnügungen hatte meistens das Geld gefehlt.

„Darf ich wirklich?" Schüchtern schaute sie ihren Vater an. Aber der nickte lächelnd, und ganz fest drückte Cherry den roten Schal an sich und hielt die fünfzig Cents fest in der Hand.

Heute morgen dann war sie gleich zu Pit über die Straße gelaufen und hatte ihm von ihrem Glück erzählt. „Du kommst mit", hatte sie gesagt, denn seit sie denken konnte, hatten Pit und sie alles geteilt, was sie bekamen.

Es stellte sich heraus, daß Pit fünfzehn Cents gespart hatte, und so zogen die beiden gegen Mittag glücklich und erwartungsvoll los.

Zuerst gingen sie zum Stand mit der Zuckerwatte, und Cherry kaufte sich eine große Portion, an der sie beide abwechselnd schleckten.

„Schmeckt gut", Pit nahm sich mit der Fingerspitze schnell noch eine Portion. „Komm, wir gehen zu dem Zauberer da drüben!"

Der Zauberer machte vor seinem Zelt ein paar kleine Kunststücke – aber nur ein paar, denn sie sollten die Zuschauer ins Zelt locken. Fasziniert schauten Cherry und Pit ihm zu, wie er glitzernde Ringe in die Luft warf und sie gleich darauf alle zusammen wie eine Kette dem staunenden Publikum zeigte.

Als er ins Zelt zurückging, gingen auch die Kinder weiter,

bis sie endlich vor dem Karussell mit den bunten Pferden standen.

„Da wollte ich immer schon mitfahren", seufzte Cherry glücklich und kaufte für sich und für Pit eine Karte. Zehn Cents kostete eine Fahrt, und ihnen war klar, daß sie beide nur zweimal fahren konnten – zu mehr reichte ihr Geld nicht.

Aber diese Fahrten wollten sie genießen, das nahmen sie sich fest vor.

„Nimmst du das rote Pferd? Dann nehme ich das blaue", sagte sie zu Pit und gab dem Mann, der am Karussell die Karten kontrollierte, beide Karten.

Er blickte lächelnd auf die beiden Kinder.

„Eigentlich ist es nicht erlaubt, während der Fahrt zu essen", sagte er, „aber bei euch mache ich eine Ausnahme. Paßt auf, daß ihr eure Pferde nicht bekleckert."

Natürlich paßte Cherry auf. Und obwohl durch den Fahrtwind ein paar Zuckerfäden auf ihr Kleid fielen – auf das hölzerne Pferd kam nichts. Cherry war selig, als sich das

Karussell zu drehen begann. Sie fühlte sich in eine Zauberwelt versetzt – als ob sie auf einem richtigen Pferd reiten würde.

Ihre Zöpfe flogen im Fahrtwind, und ihr war, als ob ihr offenes Haar im Wind wehte, während sie auf einem wilden Pferd über die Prärie galoppierte ...

Viel zu schnell war die Fahrt vorbei, und die Kinder mußten von ihren Pferden steigen.

„Wir fahren noch einmal, ja?" rief Cherry begeistert.

Pit nickte heftig.

Die nächste Runde erwischten sie nicht, denn sie mußten erst neue Karten kaufen, aber dann saßen sie beide wieder auf ihren Karussellpferden. Sie hatten sich wieder das rote und das blaue Pferd ausgesucht und fuhren zufrieden in der Runde.

Der Mann, der die Karten kontrollierte, sah sie nachdenklich an. So glückliche Kinder sah er selten; beim Fahren schienen sie sich selbst und ihr ärmliches Leben zu vergessen. „Ihr könnt noch einmal fahren", brummte er, als das Karussell hielt und die beiden schon von den Pferden steigen wollten.

Eigentlich verschenkte er nichts; er hielt Schenken für eine überflüssige Sache, die nichts einbringt. Als er aber jetzt die beiden strahlenden Kindergesichter sah, fühlte er so etwas wie Freude darüber, daß er ihnen diese Fahrt geschenkt hatte. „Danke", flüsterte Cherry, und auch Pit sagte „Danke" und machte eine kleine Verbeugung, soweit man auf einem Karussellpferd eine Verbeugung machen kann.

Lachend und schwatzend ritten sie zum dritten Mal auf ihrem roten und ihrem blauen Pferd, aßen von der Zuckerwatte und waren sich einig, daß dies das allerschönste Weihnachtsfest war, das sie je erlebt hatten. Niemand konnte so glücklich sein wie sie, davon waren sie überzeugt.

Dann hielt das Karussell, und nachdem sie sich noch einmal für die Freifahrt bedankt hatten, gingen sie, immer noch den Rest der Zuckerwatte schleckend, zu der Bude, wo es die Haarschleifen gab. Cherry bekam eine Schleife, so rot wie der Schal, den die Großmutter ihr gestrickt hatte. Der Verkäufer verpackte die Schleife in ein kleines Stück Seidenpapier …

„He, Cherry, wach auf!" Gregory stieß Cherry unsanft in die Seite. „Schläfst du? Komm runter von dem Pferd!" Cherry schaute sich um, als ob sie aus einem Traum erwache. „Was ist los?" fragte Gregory. „Die ganze Runde über hast du ausgesehen wie ein Schlafwandler und keinen Ton gesagt!"

Cherry wischte sich über die Augen. „Ja, vielleicht habe ich geträumt", sagte sie ungewohnt weich. „Von einem kleinen Mädchen und einem kleinen Jungen auf einem Karussellpferd!"

Gregory blickte sie verständnislos an. Aber Cherry strich sacht und verstohlen über die struppige Hanfmähne des blauen Holzpferdchens, in der sich schon unzählige Kinderhände festgehalten hatten. Sie schaute auf ihre Großmutter und den Großvater, die schon abgestiegen waren und lachend, wie Kinder von der Zuckerwatte schleckten, die Cherrys Großmutter in der Hand hielt.

„*Sie* hätten es sein können", sagte sie leise, und wieder blickte Gregory sie erstaunt an.

Den ganzen Nachmittag über war Cherry wie umgewandelt. Die Familie staunte: So unkompliziert und fröhlich hatten sie Cherry seit Jahren nicht mehr gesehen. Und als sie an einem Stand mit billigen Haarschleifen darauf bestand, eine knallrote Schleife zu kaufen, die gar nicht zu ihrer Haarfarbe paßte, wunderten sich alle noch mehr.

Als sie endlich nach Hause gehen wollten, wollte Cherry unbedingt noch einmal mit dem Karussell fahren. Wieder suchte sie sich das blaue Pferd aus und fuhr beim Geklimper der altmodischen Musik ihre Runden – aber der Zauber der vergangenen Zeit, der sie gestreift hatte, kam nicht wieder.

Dennoch nahm Cherry einen Hauch davon mit. Sie fühlte noch lange die Freude des kleinen Mädchens, dessen höchstes Glück es war, einmal auf dem blauen Karussellpferd zu reiten.

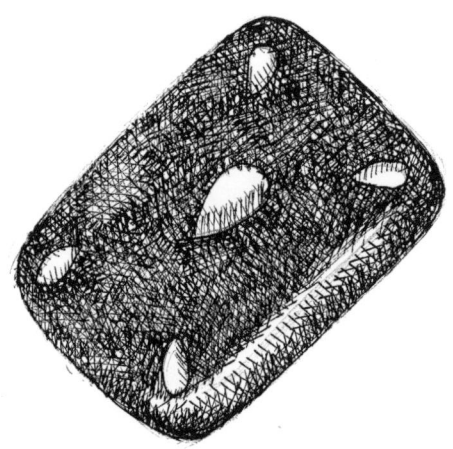

Die Sorgenpferdchen

Marys Mutter Eileen war traurig. Vor einem Jahr war ihr Mann gestorben, und seitdem lebte sie allein mit ihrer Tochter zur Miete in einem kleinen irischen Dorf. Sie hatten gerade genug zum Leben, manchmal reichte es kaum.

In der Stadt, welche die junge Frau nach dem Tod ihres Mannes verlassen hatte, hätte sie keine Arbeit gefunden. Hier gab es wenigstens manchmal eine Chance.

Im Winter umwickelte sie fleißig dünne Drähte mit bunter Wolle und formte kleine Püppchen daraus; sie verkaufte sie an Touristen, die sie als Mitbringsel aus Irland mitnahmen.

Wenn sie allerdings am Abend von dem Erlös der kleinen Puppen fürs Abendessen eingekauft hatte, blieb nie auch nur ein einziges Geldstück übrig.

Und jetzt war Weihnachten. Es machte Eileen traurig, daß sie kein Geschenk für ihre Tochter hatte. Dabei kannte sie Marys kleine Wünsche: einen Lutscher, ein Armband aus geflochtener bunter Baumwolle und – selbstverständlich ein niemals erfüllbarer Traum – ein Paar Ohrringe.

Nichts von all dem würde Mary am Weihnachtstag neben der großen Kerze finden, die sie sich als einzigen Luxus leistete; denn es war wirklich kein Shilling übrig, wenn sie essen wollten.

Eileen schaute auf ihre Tochter, die die bunten Fäden sortierte, mit denen der Draht umwickelt wurde. Die Kleine war eifrig bei der Sache. Sorgfältig glättete sie mit ihren dünnen kleinen Fingern die Wollfäden, nachdem sie sie vom Knäuel abgewickelt und auf eine bestimmte Länge geschnitten hatte. Ab und an schaute sie beifallheischend zu ihrer Mutter auf, und die lächelte dann lobend.

Mary war fast immer fröhlich, die Armut und die Entbehrungen hatten sie noch nicht geprägt. Und so sollte sie auch bleiben, hatte Eileen beschlossen. Was sie tun konnte, um Marys Fröhlichkeit und Unbefangenheit zu erhalten, würde sie tun.

So brachte sie ihr auch schon mal ein kleines Spielzeug vom Markt mit, wenn sie es billig erstehen konnte. Das letzte Mal war es ein Zierkürbis gewesen, in dem die Samen so hübsch klapperten. Er hatte eine kleine dunkle Stelle; deshalb hatte Eileen ihn fast umsonst bekommen. Aber Mary machte die kleine Stelle nichts aus – sie klapperte stundenlang mit ihrem Zierkürbis.

Jetzt hob sie den Kopf: „Mama, bekomme ich etwas zu Weihnachten?"

Eileen nickte lächelnd, aber ihr war nicht wohl. Morgen ist Weihnachten, dachte sie, und ich habe kein Geschenk für mein Kind. Wie enttäuscht wird Mary sein...

Sie grübelte, wie sie ein paar Shilling auftreiben könnte. Aber es fiel ihr nichts ein. Bedrückt wickelte sie weiter die bunte Wolle um den Draht.

Und dann hatte sie eine Idee. Plötzlich war sie richtig erleichtert: Morgen würde sie ein Geschenk haben!

Als ihre Tochter schlief, wickelte Eileen weiter die Wolle um die dünnen Drähte, aber sie formte keine Püppchen mehr, sondern kleine Pferdchen, nicht viel größer als ein Daumennagel.

Die ersten sahen noch etwas merkwürdig aus – manchmal waren die Köpfe zu groß oder die Beine zu lang. Aber mit der Zeit gelangen sie besser, und Eileen verzierte einige Pferdchen sogar mit winzigen, kleinen Troddeln.

Als sie zehn Pferdchen fertiggemacht hatte, die ihr gefielen, nähte sie aus einem Fetzen Stoff ein kleines Säckchen. Da hinein steckte sie die kleinen Pferde. Jetzt würde auch ihr Kind ein Weihnachtsgeschenk haben – kein buntes Baumwollband fürs Handgelenk und leider auch keinen Lutscher. Daß Mary keine Ohrringe bekommen würde, war ohnehin klar.

Aber auch über die kleinen Pferdchen würde sie sich freuen.

Der Weihnachtstag wurde festlich begangen, auch in den Armenvierteln. Niemand arbeitete, fast überall wurde gutes Essen gekocht. Und am Nachmittag gingen viele der Ärmsten der Armen in die Kirche der Stadt, in der sie sich an normalen Festtagen nicht sehen ließen. Aber zu Weihnachten war es etwas anderes.

Die Kirchen waren von vielen Kerzen erleuchtet, es duftete nach Weihrauch. Marys Augen strahlten – so viel Glanz hatte sie noch nie gesehen. Sie war wie benommen von dem Licht und dem Duft und dem Gesang. Erwartungsvoll hüpfte sie neben Eileen nach Hause.

Dort gab es ein gutes Essen. Sogar Fleisch gab es zur Feier des Tages. Das hatten sie seit einem halben Jahr nicht mehr gehabt, und es schmeckte ihnen.

Immer wieder aber schaute Mary fragend ihre Mutter an. Es war nicht ihre Art, zu drängen, aber es stand ihr im Gesicht geschrieben, daß sie darauf wartete, ihr Weihnachtsgeschenk zu bekommen.

Endlich war der Tisch abgeräumt, das Geschirr abgespült

und die wenigen Küchengeräte weggeräumt.

Mary platzte fast vor Spannung. Denn ganz sicher war sie nicht gewesen, ob sie ein Geschenk zu Weihnachten bekäme. Aber jetzt mußte es gleich soweit sein.

Geheimnisvoll zog Eileen ein kleines Säckchen aus der Tasche ihres weiten Rockes. Sie legte es auf Marys Hand und sagte: „Das ist dein Geschenk."

Das kleine Mädchen schaute ihre Mutter enttäuscht an. Was in dem Säckchen auch war – sie hatte sich ihr Weihnachtsgeschenk größer vorgestellt.

Ihre Mutter lächelte. „Du bist doch enttäuscht, Mary?" fragte sie.

Die Kleine sah beschämt zu Boden, denn sie wußte ja, daß ihre Mutter kein Geld für große Geschenke hatte.

„Es ist ein kleines Geschenk und ein großes", sagte Eileen und zog Mary auf ihren Schoß. „Ich werde es dir erklären. Du hast das Säckchen ja noch nicht einmal aufgemacht. Sicherlich denkst du, ich würde dir ein paar von den Püppchen schenken, die ich verkaufe. Meine Mary", sie strich ihrer Tochter über die kurzen roten Locken. „Es sind aber keine Püppchen. Auf den ersten Blick würdest du enttäuscht sein, wenn du siehst, was in dem Säckchen ist. Deshalb will ich es dir sagen, bevor du es öffnest!" Eileen lehnte sich bequem zurück, und Mary ahnte, daß ihre Mutter jetzt von der Geschichte ihrer Vorfahren sprechen würde. Sie liebte diese Erzählungen und kuschelte sich gemütlich in Eileens Arme.

„Wir sind Iren", begann Eileen. Mit diesem Satz begann sie alle ihre Erzählungen. Aus diesem Satz sprach der Stolz auf ihr Volk. „Wir sind immer arm gewesen. Immer wurden wir unterdrückt; aber unseren Stolz konnte uns keiner nehmen. Du weißt, auch heute noch kämpfen wir für unsere Freiheit. Aber wir besitzen noch einige Dinge, die wir weitergeben können. In einigen Bräuchen unseres Volkes ist mehr Weisheit, als man auf den ersten Blick sehen kann. Manche Dinge erscheinen Fremden nur als Brauchtum, dabei ist ein tiefer Sinn dahinter!" Eileen schwieg einen Augenblick; dann fuhr sie fort: „Gestern wußte ich noch nicht, was ich dir schenken sollte. Und ich wußte doch, wie sehr du dir ein Geschenk wünschst. Dann habe ich mich an die Traditionen unseres Volkes erinnert. Du weißt, in grauer Vorzeit waren wir Iren Heiden. Erst im Mittelalter kamen Mönche nach Irland und brachten unseren Vorfahren das Christentum. Unseren Vorfahren waren die Pferde heilig. Man sagte ihnen zauberische Eigenschaften nach, und sie waren hochgeachtet. Starb ein Häuptling, so wurde sein Pferd oftmals mit ihm begraben, damit es ihn auf dem weiten Weg in die andere Welt begleitete. Man hat solche Gräber gefunden, in denen das treue Pferd neben seinem Herrn lag.

Aber man hat auch andere Pferde in den Gräbern gefunden: Winzige, kleine Pferde aus Bronze, die die toten Häuptlinge in ihren Händen hielten. Und neben dem Kopf der Häuptlinge fand man zuweilen ein kleines Säckchen mit weiteren ganz kleinen Bronzepferdchen.

Die Wissenschaftler haben gerätselt, was diese Pferdchen bedeuten mochten. Viele glaubten, sie seien ganz einfache Glücksbringer, aber das war nicht alles. Sie hätten eben uns Iren vom Lande fragen sollen! Wir hätten es ihnen sagen können.

Früher besaßen viele Leute in Irland solche Sorgenpferdchen. Man muß ganz fest an sie glauben, dann helfen sie einem. Weißt du, wenn man Sorgen hat – keine kleinen Sorgen oder Wünsche wie ein Weihnachtsgeschenk, sondern richtige Sorgen oder einen großen Kummer – dann legt man vor dem Schlafengehen solch ein Sorgenpferdchen unters Kopfkissen, immer ein Pferdchen für eine Sorge.

Nachts nimmt das kleine Pferd dann die Sorge, galoppiert mit ihr davon und lädt sie an dem großen Sorgenberg am Himmelszelt, nahe bei der Sonne, ab. Dort schmelzen alle Sorgen dahin; und danach galoppiert das Pferdchen wieder zurück unter das Kopfkissen des Menschen, dem es gehört. Am Morgen ist es wieder da – aber die Sorgen sind verschwunden."

Mary hatte gespannt zugehört, sie hatte ganz rote Wangen bekommen.

Ihre Mutter fuhr fort: „Wenn du jetzt denkst, in dem Säckchen seien goldene oder silberne Sorgenpferdchen, muß ich dich enttäuschen. Nein, solche Pferdchen sind nur noch im Museum zu sehen. In unserem Viertel besitzen nur wenige Leute Gold. Ich bin die ganze Nacht aufgewesen und habe Sorgenpferdchen für dich gemacht. Aus Draht und Wolle nur, weil ich nichts anderes hatte. Aber die ganze Nacht habe ich voller Liebe an dich gedacht und gewünscht, daß du alle deine Sorgen durch diese kleinen Pferdchen

bewältigen kannst. Denn", sie strich Mary wieder über die roten Locken, „natürlich nehmen die Sorgenpferdchen den Kummer mit zu dem Berg an der Sonne – aber ein kleines bißchen muß man selbst auch dazu tun, daß die Sorgen vergehen. Ganz von selbst verschwinden sie nicht! Vergiß das nicht!"

Eileen lächelte, als sie sah, wie ihre Tochter darüber nachdachte.

Natürlich war Mary ein bißchen enttäuscht, weil sie das Armband aus bunten Baumwollfäden nicht bekommen hatte – doch wenn sie es sich jetzt überlegte, waren die Sorgenpferdchen doch ein schönes Geschenk. Sie griff nach dem Beutel und öffnete ihn. Sorgfältig, wie es ihre Art war, legte sie die zehn kleinen Pferdchen nebeneinander. „Sie sind alle anders!" sagte sie.

„Ja", erwiderte Eileen, „wie die Sorgen. Die sind ja auch sehr unterschiedlich!"

Mary sortierte die Pferdchen zuerst nach der Größe, dann nach den Farben, dann nach denen mit und denen ohne Troddeln. So war sie lange beschäftigt. Sie fand, daß sie eine gewisse Ordnung in ihre Sorgen bekommen mußte, denn einige Sorgen hatte sie schon.

Da war die Frage, ob sie nächstes Jahr einen guten Platz in der Schule bekommen würde. Oder ob sie Mike von nebenan eine runterhauen sollte, wenn er sie weiter ärgerte. Oder ob sie zu Neujahr, so wie früher zu Hause, Süßigkeiten bekommen würde. Oder ob sie manchmal das strubbelige Pony der Nachbarn besuchen durfte. Mary mochte dieses Pony sehr.

Als die Weihnachtskerze heruntergebrannt war, war es Zeit, schlafen zu gehen.

Bevor das Licht ausging, fragte Eileen: „Und hast du eine

Sorge, die ein Pferdchen dir wegtragen soll?"

Mary schüttelte den Kopf. „Nein", sagte sie ernst, „ich hab's mir überlegt. Keine meiner Sorgen ist so schwer, daß ein Pferdchen mit ihr bis zu dem Berg an der Sonne galoppieren müßte. Aber jetzt weiß ich ja, daß ich Sorgenpferdchen habe, denen ich wirklich große Sorgen geben könnte. Und das ist gut!"

Sie steckte die Pferdchen vorsichtig wieder in ihr Säckchen und sagte: „Zuerst war ich traurig, weil ich so gern dieses lustige bunte Armband gehabt hätte. Aber die Sorgenpferdchen sind doch ein sehr schönes Weihnachtsgeschenk. Ich weiß ja jetzt, was ich tun kann, wenn ich wirklich Kummer habe und traurig bin."

Weihnachten in meinem Stall

Schon in der Adventszeit schmücke ich meinen Stall festlich. Natürlich hänge ich keine bunten Kugeln auf, aber draußen über der breiten Tür des Offenstalls hängt eine dicke Girlande aus Tannenzweigen. Sie hängt so hoch, daß auch die neugierigsten Pferde nicht in Versuchung kommen, ihre Hälse zu recken und sie abzufressen. Die Girlande ist mit silbernen Bändern geschmückt, die ich nachts von meinem Fenster aus im Mondlicht glitzern sehe.

Die Pferde bekommen aber auch ein paar Tannenzweige. Um die Weihnachtszeit hole ich Zweige aus dem Wald, die beim Tannenbaumfällen übrigbleiben. Die werfe ich den Pferden und Eseln in den Auslauf, und sie knabbern immer wieder daran. Manchmal gibt es auch Zank, wenn zwei denselben Zweig ins Auge gefaßt haben: Jeder zerrt an einer Seite, bis der Zweig bricht oder auseinanderreißt – dann hat jeder sein Stück und ist zufrieden.

Am Heiligen Abend füttere ich wie üblich, und die Pferde und Esel denken, jetzt sei der Tag zu Ende. Doch während sie dies denken, bereite ich im Haus alles vor, was ich für den Heiligen Abend im Stall brauche: Datteln und Feigen für die Esel, für die Pferde trockenes Brot, Äpfel und Möhren und sogar ein paar Stückchen Zucker, den es sonst niemals gibt. Ein ganzes Paket Knäckebrot packe ich auch noch in den Korb.

Die Hunde sitzen erwartungsvoll am Küchentisch und schauen zu, was ich alles in den Korb lege. Ihre glänzenden dunklen Augen verfolgen jede meiner Handbewegungen, und Loki jault leise und sehnsüchtig auf, als ich zwei große Knochen aus dem Schrank nehme. Den ganzen Tag sind die Hunde schon um den Schrank herumgestrichen und haben geschnuppert; sie wußten, daß zwei Knochen für sie darin waren. Auch die Katzen, die sich nach ihrer Abendmahlzeit schon gründlich geputzt haben, sind inzwischen aufmerksam geworden und schauen interessiert zu.

Für jede von ihnen packe ich ein Stück Fisch ein, drei Stücke Fisch also in drei kleinen Schüsselchen.

Endlich ist der Korb fertig gepackt und ziemlich schwer. Ich gehe über den Hof und mache das Licht am großen Offenstall an.

Ein schon fast verschlafen aussehendes Pferdegesicht schaut mich an – Frodi ist erstaunt, daß ich noch einmal komme; er macht mir höflich Platz, als ich in den Stall gehe.

Die Esel hatten sich schon hingelegt; aber jetzt stehen sie auf, gehen zu mir und sehen mich erwartungsvoll an: Der Korb verheißt Gutes!

Almeria, meine schöne Stute, war noch draußen und kommt jetzt neugierig in den hellerleuchteten Stall. Sie würde niemals so aufdringlich sein wie die Esel; und Frodi, mein Isländer, bettelt sowieso nicht.

Aber alle sind ganz lieb. Ich stelle den Korb vor mich mitten in den Stall, und jeder bekommt zum Auftakt eine dicke Möhre.

Während sie noch daran knurpsen, schenke ich jedem Hund einen Knochen. Beide schauen mich ungläubig an: dicke Knochen gibt es abends sonst nicht, und diese sind wirklich groß. Vorsichtig nehmen sie die Knochen aus meiner Hand, ein bißchen zögernd noch, denn sie wissen nicht, wo sie jetzt so schnell mit ihrer Kostbarkeit hinsollen. Mißtrauisch schaut einer auf den anderen: Dann entschließt Loki sich, in die eine Stallecke zu gehen, damit ist die andere Stallecke für Nochoi frei, und dorthin verzieht sie sich. Beide beobachten noch einen Augenblick mißtrauisch ihre Umgebung, ob ihnen auch niemand ihren Knochen streitig macht, dann beginnen sie ihn abzulecken und daran zu kauen und haben keinen Blick mehr für die Welt.

Die Pferde und Esel haben ihre Möhren verspeist und sehen mich erwartungsvoll an. Ihnen ist klar, daß der Korb noch weitere Leckereien birgt. Jetzt bekommen sie trockenes Brot und Apfelstücke, und der alte Pascha, der das alles nicht mehr so richtig kauen kann, bekommt in einer Ecke eine Schüssel mit aufgeweichtem Müsli.

Die Katzen sind gekommen! Hat der Fischgeruch sie angezogen oder das Licht im Stall? Jede bekommt ihr Schüsselchen auf einen Balken gestellt, und bald höre ich ihr zufriedenes Schnurren. Nur Rabenschwarz knurrt manchmal, wenn sie meint, Katinka käme ihr zu nahe.

Jetzt haben sie alle etwas zu fressen, und ich setze mich neben den Korb ins Stroh. Alle meine Tiere stehen um mich herum und nehmen friedlich und ohne sich zu streiten kleine Leckereien aus meiner Hand.

Frodi, das einst so erfolgreiche Pferd der Europameisterschaften, der einst zerschlagen und fertig mit der Welt zu mir kam. Mehr als ein Jahr dauerte es, bis er begriffen hatte, daß er hier jetzt ein Zuhause hat, in dem man nicht von ihm verlangt, Rekorde zu laufen. Jetzt darf ich ihn auch anfassen, ohne daß er sich scheu wegdreht.

Mein alter Pascha, der kleine Schimmel, für den es keinen Platz mehr gab, als er keine Distanzrennen mehr laufen

konnte. Ein paar Jahre lang hatte er noch als Kinderreitpferd gedient, dann war er auch dafür „nicht mehr gut genug". Auf dem Weg zum Schlachthof kam seine Besitzerin mit ihm bei mir vorbei – und seitdem lebt Pascha bei mir. Er braucht nicht mehr zu arbeiten und bekommt dreimal täglich seinen Brei, weil er Heu nicht mehr kauen kann. Aber den Brei mümmelt er noch und macht täglich ein kleines Wettrennen mit den Eseln um die große Wiese. Pascha gewinnt fast immer. Meine schöne Almeria hat noch nichts Böses erfahren in ihrem Leben. Und so ist sie absolut zutraulich und sanft und völlig ohne Arg. Sie erlaubt sich manchmal, ungeduldig mit den Hufen zu scharren, wenn sie ihr Futter nicht schnell genug bekommt. Aber jetzt tut sie das nicht, denn ich sitze zu ihren Füßen; und Almeria würde mich nie verletzen.

Die Esel pusten mir sacht in den Nacken; Kuni versucht, mir den Schal auszuziehen, während Noel probiert, wie mein Kragen schmeckt. Eine Dattel und ein Stück Brot lenken sie ab, und während sie kauen, sehen sie mich unverwandt an.

Sie gehen mir ja manchmal auf die Nerven mit ihrem Geschrei, das mich morgens pünktlich um sieben weckt – aber ich kann ihnen nicht böse sein: Sie haben sich ihre Stimmen ja nicht ausgesucht. Und außerdem sind sie die beste Alarmanlage, die man sich vorstellen kann. Jeder, der am Zaun stehenbleibt, wird rücksichtslos gemeldet. Zusammen mit den bellenden Wolfsspitzen kann das ganz schön abschreckend wirken.

Langsam leert sich der Korb, endlich ist das letzte Stück Brot verteilt. Nun bekommt jeder noch ein Stück Zucker. Die Katzen sitzen auf den Balken, sie putzen sich und beobachten uns von oben herab; die Hunde sind mit ihren

Knochen näher gekommen und haben sich neben mich gelegt.

Ich lege Almeria den Arm um den Hals, als sie sich zu mir herunterbeugt, und flüstere dem Esel Noel „Fröhliche Weihnachten" in sein langes Plüschohr. Vor vier Jahren habe ich ihn in der Weihnachtswoche im Schlachthof gekauft – ein kümmerliches Eselsfohlen, für das der Händler hundert Mark forderte – eine Unverschämtheit für das Bündelchen Knochen mit struppigem Fell. Aber vier Jahre Freiheit und gutes Futter haben einen kräftigen, kecken kleinen Burschen aus ihm gemacht, der immer zu Streichen aufgelegt ist.

So will er mir auch jetzt nicht unbedingt frohe Weihnachten wünschen, als er sich zwischen die Pferde drängt und sich an mich heranpirscht. Er hat nur auf den Augenblick gewartet, da er den Henkel des Korbes schnappen kann. Triumphierend rennt er mit dem Korb nach draußen. Ich weiß, der Korb wird das nicht lange überleben, so bleibt mir nichts anderes übrig, als hinterherzulaufen und Noel seine Beute wieder abzujagen. Dann sammele ich die Schüsselchen der Katzen ein und hole Paschas leeren Eimer aus der Ecke.

Ich streichele meine Pferde und Esel noch einmal; dann lasse ich mich von ihren Blicken doch erweichen und hole jedem noch eine Handvoll Heu aus der Scheune. Zufrieden stehen sie da im warmen Stroh und mampfen ihr Heu. Wenn doch jeder Heilige Abend so friedlich sein könnte, denke ich.

Ich rufe Nochoi und Loki, die sich eifrig ihre Knochen schnappen, und erlaube ihnen ausnahmsweise, die Knochen mit ins Haus zu nehmen. Die Hunde sehen mich ungläubig an, denn ihre Knochen müssen sie sonst draußen fressen. Aber als sie es begriffen haben, laufen sie eilig in die Küche, denn ich könnte es mir ja anders überlegen … Morgen werde ich ihnen klarmachen müssen, daß dies eine Ausnahme war, denn mit Sicherheit werden sie von jetzt ab versuchen, alle draußen verbuddelten Knochen ins Haus zu schleppen.

Die Katzen kommen nach und nach durch die Katzenklappe ins Haus und setzen sich auf ihre Stammplätze: Rabenschwarz auf den Kachelofen, Katinka auf den Balken hoch oben unter der Decke und Mareike auf das Schaffell an der Ofenbank.

Ich öffne das Fenster, um frische Schneeluft ins Zimmer zu lassen. Ich höre im Stall die Pferde ihr Heu fressen und das Tappen von kleinen Hufen – das ist Pascha, dem das Heu nicht mehr so recht schmeckt und der von einem zum anderen geht und nachsieht, ob nicht noch etwas Besseres da ist.

Lächelnd schließe ich das Fenster wieder und freue mich, daß ich meine Tiere so nahe bei mir habe und ihnen zu Weihnachten ein paar Leckerbissen schenken konnte.

Geisterherde im Moor

Jeder kannte die Sage von der Geisterherde im schottischen Moor. Diese Herde soll der Legende nach immer dann auftauchen, wenn ein Mensch in Not und Gefahr ist. Es gibt Menschen, die sagen, sie hätten die Pferde gesehen, aber jeder von ihnen war allein im Moor gewesen, und so gab es nie einen Zeugen für die Behauptung. Doch das war auch nicht nötig, denn die Geisterherde im Moor war etwas ganz Besonderes. Joe Gimroe war auch allein, als er sie sah, aber seit dem letzten Weihnachtsabend glauben alle, die die vielen Hufspuren am Klippenrand gesehen haben, daß es die Geisterherde wirklich gibt.

Joes Vater hatte seinen Sohn ins Dorf geschickt, um für Weihnachten einzukaufen. Joe war zwölf Jahre alt, er hatte bisher nicht viel vom Leben gehabt. Die Gimroes waren arme Bauern, die kaum die Pacht für ihre wenigen mageren Äcker zahlen konnten. Und wenn die Pacht im November zu Johanni bezahlt war, blieb nur selten noch etwas Geld für Weihnachten übrig. Weihnachtsgeschenke kannte Joe nur aus Erzählungen. Er war schon froh, wenn es an Weihnachten einen Pudding mit Rosinen gab.

In diesem Jahr aber war etwas Geld im Haus. Die Hühner hatten gut gelegt, so daß die Mutter viele Eier verkaufen konnte. Und außerdem hatten sie zwei Gänse zu Weihnachten geschlachtet; die hatten auch Geld gebracht.

Dieses Jahr sollte es einen richtigen Braten geben und dazu geröstete Maronen, Rosenkohl aus dem Garten und sogar frischen Feldsalat, den die Mutter sonst nur zum Verkauf anbaute.

Joe wußte, daß noch Walnüsse da waren, denn seine Mutter hatte nicht alle verkauft, die sollten, in Honig getaucht, als Nachtisch gegessen werden. Es würde ein herrliches Weihnachtsessen geben, da waren sich alle einig. Die ganze Familie freute sich darauf.

Am Weihnachtstag schickte der Vater Joe also ins Dorf zum Metzger, der den Braten vorbereitet hatte. Außerdem stand noch Honig auf Joes Einkaufsliste, Tabak für den Vater und eine Tüte Bonbons für die kleine Schwester. Der Vater hatte ihm auch noch heimlich einen Geldschein zugesteckt und ihm zugeflüstert, er solle im Kramladen neben der Metzgerei das grüne Halstuch für die Mutter kaufen. Aber er solle es ihm heimlich geben, denn das sei seine Weihnachtsüberraschung für die Mutter. Joe freute sich darüber, denn er wußte, wie sehr das Halstuch seiner Mutter gefallen würde.

Ins Dorf war es nicht weit, eine gute halbe Stunde zu Fuß, und Joe kam noch vor Mittag dort an.

Er wollte gerade in die Metzgerei gehen, als ihn Mickey McRoe von der anderen Straßenseite her anrief. „He, Joe, hast du das schon gesehen?" Er wies auf ein Plakat am kleinen Pub des Dorfes. *Spielautomaten* stand darauf in großer leuchtender Schrift. Und darunter *Machen Sie Ihr Glück!*

Joe schüttelte verwundert den Kopf. Er hatte noch nie einen Spielautomaten gesehen. Aber er war neugierig und beschloß, sich die Sache anzusehen. Natürlich würde er nicht spielen, dazu war ihm das Geld zu wertvoll – aber

anschauen kostete schließlich nichts.

Zwei Stunden später kam er ohne einen Penny wieder aus dem Pub. Er stand draußen vor der Tür und war wie vor den Kopf geschlagen: Was hatte er getan! Er hatte das Geld fürs Weihnachtsessen und auch das für das Geschenk seiner Mutter verspielt! Immer wieder hatte es so ausgesehen, als könne er einen großen Gewinn machen oder doch wenigstens das verlorene Geld zurückgewinnen – aber auch den letzten Einsatz hatte der Automat geschluckt.

Joe stand ratlos da. Er schaute zur Metzgerei hinüber, wo er den bestellten Braten abholen sollte. Ohne Geld war da nichts zu machen: Arme Bauern wie die Gimroes hatten nirgends Kredit. Joe schaute auch auf das grüne Tuch im Laden nebenan. Das würde seine Mutter nun nicht tragen.

Plötzlich begriff er die ganze Tragweite seines Tuns, und ohne zu wissen, was er tat, rannte er aus dem Dorf. Er rannte, bis er nicht mehr konnte. Am Rande des Moors blieb er stehen. Er warf sich auf den Boden und weinte verzweifelt. Schließlich stand er wieder auf, zitternd vor Verzweiflung und Kälte. Er begann zu gehen, aber er wußte nicht, wohin. Ziellos irrte er Stunde um Stunde übers Moor und stand schließlich an den Weißen Klippen.

Tief unter ihm schlug die Brandung donnernd an die Felsen, und einen Augenblick lang dachte Joe daran, einfach hinunterzuspringen – dann wäre er von allem Kummer befreit. Er setzte sich und dachte nach. Er wußte, daß er seinen Eltern damit großen Kummer antun würde; aber nach dem, was er heute getan hatte, konnte er ihnen nicht mehr in die Augen schauen. Entschlossen stand er auf und ging zum Rand der Klippen. Da hörte er ein brausendes Geräusch, dazu dumpfes Klappern wie von Hufen auf hartem Boden und das Schnauben von Pferden.

Als er sich erstaunt umblickte, sah er vom Meer her eine Herde weißer Pferde herangaloppieren. Sie schienen hoch über dem Wasser zu schweben, und doch hatte Joe den Eindruck, als ob sie über festen Boden liefen, deutlich hörte er den Rhythmus ihrer Hufe.

Es waren viele Pferde, und sie kamen geradewegs auf ihn zu. Herrlich sahen sie aus! Wunderbare kraftvolle Körper, alle im gleichen Rhythmus des Galopps, wehende weiße Mähnen und große dunkle Augen in den ausdrucksvollen Gesichtern.

Sie galoppierten ganz gleichmäßig, der Takt des Galopps ging wie ein Wogen durch die Herde – und sie kamen in einer breiten Reihe auf ihn zu. Voller Schrecken erkannte Joe, daß sie ihn überrennen würden, wenn er hier stehenblieb. Und obwohl er gerade eben noch hatte sterben wollen, drehte er sich um und rannte von den Klippen weg – wie um sein Leben. Als er sich umblickte, sah er, daß die Herde jetzt am Klippenrand entlanggaloppierte, und er atmete auf.

Es dauerte ein paar Augenblicke, bis er begriff, was er gesehen hatte. Und kaum hatte er es begriffen, kam die Herde wieder zurück. Diesmal aber galoppierten die Pferde nicht, sie trabten langsam zu ihm, manche gingen auch im Schritt. Fast schien es Joe, als schlenderten sie auf ihn zu.

Als sie ganz nahe waren, so nahe, daß er ihre Körper zu riechen meinte, bogen sie bei und drängten ihn in eine bestimmte Richtung. Es sah spielerisch aus; dennoch zwangen die Pferde ihn unerbittlich, wieder auf die Klippen zuzugehen.

Joe bekam Angst. Wollten sie ihn zu den Klippen drängen? Ihn hinunterstürzen? Plötzlich wollte er nicht mehr sterben.

146

Er blieb angstvoll stehen und starrte die Pferde an. Sie sahen freundlich aus; sie waren wunderschön und schienen ihm nichts Böses tun zu wollen. Er strich sich über die Augen. Waren es wirklich Pferde? Oder war das nur der Meerschaum, der manchmal bis hier emporspritzte und Formen und Gestalten bildete?

Aber er konnte ihren Atem spüren und sah sie wirklich und leibhaftig vor sich. Dennoch wußte er, daß er etwas sah, das zwischen Traum und Wirklichkeit war.

Die Pferde ließen ihm keine Wahl. Sanft, doch unerbittlich drängten sie ihn oben auf den Klippen weiter. Drei oder vier Pferde gingen immer dicht am Klippenrand. Auch wenn Joe es gewollt hätte: Er konnte nicht mehr hinunterspringen. Die Pferde zwangen ihn, in eine andere Richtung zu gehen.

Langsam wurde es dunkel. Joe wurde unbehaglich zumute, obwohl er sich inmitten der Pferde seltsam geborgen fühlte.

Er dachte an seine Eltern, und daß sie ihn jetzt wohl vermissen würden. Was würden sie denken? Würden sie ihn suchen? Er weinte im Gehen leise vor sich hin.

Dann änderten die Pferde ihre Richtung, ein steiler Pfad führte in Windungen die Klippen hinunter. Einige Pferde gingen vor Joe, drei oder vier gingen neben ihm, dort, wo eigentlich das Meer war, denn der Pfad war so schmal, daß nur ein einzelner Mensch darauf gehen konnte.

Für Joe war es schon ganz natürlich, daß die Pferde im Nichts gehen konnten; er dachte nicht mehr darüber nach, sondern empfand tröstlich ihre Nähe. Ihre Körper schützten ihn vor dem scharfen Wind, der vom Meer kam, und langsam wurde er neugierig, wohin sie ihn bringen würden.

Plötzlich bog der Pfad vom Meer ab, und Joe sah in den Klippen so etwas wie eine Höhle. Sie war in den Fels gehauen, und vor der Höhle war so etwas wie ein kleiner Platz, darauf wuchs ein wenig Gras.

Joe ging in die Höhle, die seltsam hell war, obwohl es doch schon dunkel wurde; aber das war wohl der Widerschein des Lichts auf dem Wasser. In der Höhle war es wärmer, denn hier kam kein Wind herein. Auch lag altes Gras auf dem Boden, fast wie Heu, und machte die Höhle richtig heimelig.

Die Pferde standen vor der Höhle und grasten auf dem winzigen Plateau davor. Einen Augenblick lang wunderte Joe sich, daß Geisterpferde auch Gras fressen – dann schlief er ein, denn er war von dem langen Marsch erschöpft.

Er träumte wirr. Er sah seine Eltern im Traum, wie sie sich um ihn sorgten und nach ihm suchten. Und seltsam, er sah auch weiße Pferde bei ihnen; und das konnte er sich nicht erklären. Weiße Pferde sah er auch um sich her, wenn er halb im Schlaf die Augen öffnete, weil er fror. Dann schoben die Pferde mit ihren Köpfen trockenes Gras zu ihm hin, in das er sich tiefer kuschelte. Einmal sah er, wie ein Pferd aus einer

149

Quelle an der Wand trank. Er stand auf und ging hinüber. Das Wasser war wohlschmeckend, und er trank, bis sein Durst gestillt war.

Joe erwachte gegen Morgen, als er hörte, daß sein Name gerufen wurde. Es dauerte eine Weile, bis er ganz wach war und sich aus dem Haufen trockenen Grases hochgerappelt hatte, der ihn bedeckte.

In dem Moment sah er seinen Vater auf dem Grasplatz vor der Höhle stehen. „Junge", rief er und nahm Joe in die Arme. „Was hast du uns für Sorgen gemacht! Welch ein Glück, daß ich dich gefunden habe."

Joe wandte den Kopf ab und nahm all seinen Mut zusammen. Dann schaute er seinem Vater ins Gesicht. „Ich habe etwas Furchtbares gemacht, Pa", sagte er, und gleich liefen ihm die Tränen die Wangen hinunter.

„Ich weiß, Sohn", erwiderte sein Vater. „Aber du bist nicht allein schuld, sondern auch der Gastwirt: Er hätte dich nicht spielen lassen dürfen. Kinder dürfen nicht an die Automaten. Wir bekommen unser Geld von ihm zurück."

Joe schnupfte kräftig auf. „Pa", sagte er zögernd, „ich wollte von den Klippen springen, weil ich so was Schlimmes gemacht habe. Aber da sind die Pferde gekommen, weißt du, die Geisterherde. Die haben mich hierher gebracht, in Sicherheit!"

Joe dachte, sein Vater würde ihm jetzt eine heftige Antwort geben oder ihn auslachen, denn er glaubte nicht an Geister und Gespenster. Aber der Vater schwieg lange; schließlich sagte er leise: „Das ist seltsam. Ich habe im Gasthaus nach dir gefragt, und man hat mir gesagt, daß du zum Moor gelaufen bist. So bin ich dir nachgegangen. Ich habe die Stelle gefunden, an der du gesessen hast, und dann habe ich deine Fußspuren gesehen – und die Spuren von vielen Pferdehufen … Ich weiß nicht, was ich dachte: Ich bin einfach den Spuren nachgegangen, die ganze Nacht lang. Und endlich fand ich dich hier."

Er legte den Arm um seinen Sohn, und Joe war froh und zutiefst erleichtert.

„Aber die Pferde …", begann er.

„Die Pferde", sagte sein Vater. „Ja, die Pferde …" Dann verstummte auch er.

„Glaubst du an sie?" fragte Joe zögernd.

„Ich muß an sie glauben", sagte sein Vater ernst. „Schau!" Er wies auf das Gras vor der Höhle, das kurzgefressen und von vielen Hufen zertreten war. Auch auf dem schmalen Pfad, der zur Höhle führte, waren Hufspuren zu sehen – aber nur Spuren, die in die Höhle hinein führten. Keine Hufspur führte wieder hinaus, nach oben.

Joe und sein Vater schwiegen lange. Keiner sagte etwas. Endlich straffte sein Vater die Schultern. „Komm Junge", sagte er. „Wir gehen nach Hause. Wir haben einen langen Weg. Und im Dorf holen wir den Braten ab – den gibt es heute abend!"

Sie standen auf, und als Joe die Fackel aufnahm, bei deren Schein sein Vater ihn gesucht hatte, sah er daneben etwas glänzen. Es war eine Münze, die sehr alt zu sein schien und aus Gold war. Joe nahm sie in die Hand. Im matten Schein des Weihnachtsmorgens sah er seltsame Schriftzeichen darauf – und eine Herde Pferde, die aufs Meer hinausgaloppiert. Sie waren auf der abgegriffenen Münze auch nach vielen hundert Jahren noch deutlich zu erkennen.

In den nächsten Tagen wanderten viele Neugierige zu der Höhle. Noch tagelang sah man deutlich die Hufspuren der Geisterpferde, bis sie von den Neugierigen, die darüber gingen, verwischt wurden.

König Balthasars Stute

Meistens wird erzählt, die Heiligen Drei Könige seien auf Kamelen zum Jesuskind gekommen – von König Balthasars Stute Alisha redet kaum jemand. Sie ist fast in Vergessenheit geraten, dabei hat sie Jesus das Leben gerettet, als die Häscher des Königs Herodes nach Bethlehem kamen und auf Befehl des Königs alle kleinen Kinder töteten. Ohne Alisha hätte das Jesuskind mit seiner Mutter nicht fliehen können.

Alisha war eine schwarze Stute, schwarz wie ihr Reiter, der König Balthasar.

Balthasar war ein weiser König. Er hatte sein Land lange regiert, und den Menschen in seinem Land ging es gut. Jetzt hatte er auch Zeit für andere Dinge als fürs Regieren und widmete sich der Sternenkunde.

Nacht für Nacht saß er in seinem Prachtzelt in der Wüste und schaute in den Himmel. Er sah all die Sternbilder, die die Gelehrten schon kannten, und manchmal entdeckte er auch neue Sternbilder.

Eines Nachts sah er einen wunderschönen strahlenden Stern aufgehen, der wie ein Komet aussah, mit einem langen Schweif leuchtender Sternschnuppen. Aber der Stern raste nicht über den Himmel wie ein Komet, sondern stand still. Dennoch regneten unaufhörlich Sternschnuppen von ihm herab.

152

Drei Nächte lang sah Balthasar diesen Stern, und der
König wurde von einer seltsamen Unruhe erfaßt. In der
vierten Nacht sattelte er seine Lieblingsstute Alisha – Alisha,
die dunkel wie die Nacht war; Alisha, deren Hufe den
Boden nicht zu berühren schienen, wenn er mit ihr im
Galopp über die Ebene flog, so leichtfüßig lief sie. Ihre
Augen glänzten wie Sterne oder wie dunkle Brunnen in der
Wüste, und ihr Fell fühlte sich zärtlich an.

Alisha war König Balthasars große Liebe. Er hatte sie
selbst als Fohlen großgezogen. Datteln und Feigen hatte sie
bekommen, süßes Gras aus den Oasen und immer genügend
Gerste. Er und Alisha waren untrennbar, das wußte er.

Auf Alisha ritt er in der vierten Nacht in die Wüste,
immer dem Stern nach, der ihm den Weg zeigte. Den Weg
wohin? Der König wußte es nicht – aber eine innere Macht
zwang ihn, diesem Stern zu folgen.

Nach einigen Tagen traf er zwei Männer, die auf Kamelen ritten. Es waren reiche Männer, das sah man schon aus der Ferne an ihren prächtig bestickten Gewändern, deren Goldfäden in der Wüstensonne blitzten. Sie hatten auch Gefolge bei sich: Männer, die Esel führten, welche mit Gewürzen beladen waren. Daß es Gewürze waren, erkannte Balthasar an den kostbaren Behältern: nur Gewürzbehälter waren so wunderbar verziert.

Wenn man sich in der Wüste trifft, grüßt man nicht einfach und geht weiter, nein, man macht Rast auf dem langen Weg, der hinter einem und vor einem liegt. Man kocht Tee, ißt etwas und setzt sich unter das Zelt, das man aufgeschlagen hat, und redet miteinander.

Die beiden wohlhabenden Karawanenführer ritten auch dem Stern nach, das stellte König Balthasar schnell fest. Warum – das wußten sie nicht zu sagen. Aber zwischen ihnen und dem alten König mit der schönen schwarzen Stute war ein besonderes Einverständnis, und sie beschlossen, miteinander weiterzuziehen.

Die beiden Karawanenführer hießen Kaspar und Melchior. Sie waren keine einfachen Kamelreiter; auch sie kannten die Sterne, und sie teilten dem greisen König Balthasar mit, was er noch nicht wußte: Unter diesem Stern würde der König der Könige geboren werden, ihm wollten sie huldigen.

Als Balthasar das hörte, wußte er, wohin ihn sein Weg führte. Das war es, was ihn ins Ungewisse zog! Oft schon hatte er in alten Büchern von dem König der Könige gelesen und von dem Stern, der ihm den Weg zu ihm weisen würde. Nie aber hatte Balthasar gedacht, daß er einmal den Weg finden, daß er den König der Könige sehen würde.

Über eine Woche reiste er mit den beiden Karawanenführern, die ihre Tiere antrieben, damit sie den König der Könige bald sehen konnten.

Nacht um Nacht kamen sie dem Schein des Sterns näher – und dann standen sie in einer Nacht direkt unter ihm. Hell funkelnd stand der Stern über ihnen. Sie konnten es nicht glauben, daß hier in dem elenden kleinen Stall der König der Könige sein sollte, denn sie hatten einen Palast mit vielen Dienern und großen Reichtum erwartet.

Jetzt traten sie in den einfachen Stall, wie ihn die Hirten für den Winter bauen, und in dem Stall war eine Frau mit einem kleinen Kind. Die Frau war sehr jung, und sie war von einer Schönheit, die die harten Karawanenführer bislang noch nicht gesehen hatten: Fast durchsichtig war sie, zerbrechlich und doch innerlich stark.

Im Hintergrund des Stalles werkelte ein Mann. Er flickte Ledergeschirr, wie man es für einen Esel brauchte; und er warf wache und aufmerksame Blicke auf die drei unbekannten Reiter.

Die drei Fremden waren von dem Kind fasziniert, das in einer der Krippen lag. Die Krippe war im Grunde genausogut wie eine richtige Wiege, denn die Wände der Krippe waren schräg, und das Kind lag gut darin. Es lag auf Schaffellen und war warm mit einem Schaffell zugedeckt. Die junge Frau hantierte am Feuer und schaute die drei Fremden ernst an.

Ohne zu wissen warum, beugten die Reiter die Knie vor dem Kind, das aussah wie alle kleinen Kinder. Aber dennoch war etwas Besonderes um das Kind, etwas Unfaßbares, das die Männer stumm machte.

Unbemerkt war Balthasars Stute in den Stall gekommen. Alisha war es gewohnt, nahe bei den Menschen im Zelt zu leben, und so hatte der enge Stall für sie nichts Erschreckendes. Leise war sie gekommen und stand hinter ihrem Herrn. Das Kind schaute freundlich, wie kleine Kinder schauen, wenn sie sich freuen. Als Alisha ihren Kopf über die Krippe beugte, jauchzte das Kind auf.

Balthasar wußte nicht, was mit ihm geschah: Aber als die anderen Karawanenführer dem Kind Gold, Weihrauch und Myrrhe schenkten, sagte er zu dem Kind: „Alisha kann hierbleiben, wenn sie es will!"

Denn Alisha kannte keine Fesseln. Nie hatte man bei den Zelten ihre Vorderbeine zusammengebunden, wie man es mit anderen Pferden tat, damit sie nicht fortliefen. Und nie band Balthasar sie fest bei einer Rast; Alisha blieb bei ihm, weil sie zu ihm gehörte.

Ganz plötzlich aber gehörte Alisha nicht mehr zu ihm, sondern zu diesem Kind. Das spürte Balthasar, denn das Kind brauchte das Pferd. Und seltsam, er war nicht einmal traurig darüber. Hätte ihm jemand vor ein paar Stunden gesagt, daß er Alisha weggeben würde – er hätte es nicht geglaubt. Jetzt aber schien es ihm ganz natürlich. Alisha gehörte zu diesem kleinen Jungen.

König Balthasar nahm nach einigen Tagen Abschied von seiner Stute, von seiner schönen schwarzen Alisha, seinem Pferd, das er niemals hatte hergeben wollen. Das Herz tat ihm weh, als er Alisha hier in dem ärmlichen Stall ließ; aber er wußte, daß es so sein mußte.

Vier Jahre später geschah es, daß König Herodes Angst bekam, man könne ihm sein Königreich rauben. „Der König der Könige" sei in Bethlehem geboren, hieß es. Und König Herodes schickte Häscher aus und ließ alle Kinder unter vier Jahren töten.

Viele kleine Kinder starben, man hörte die Totenklage der Mütter von Dorf zu Dorf.

Als Maria das Klagen der Frauen im Nachbardorf hörte, wußte sie, worum es ging, und voller Angst sattelte sie Alisha, die immer noch bei ihnen lebte.

Schnell wie der Wind war Alisha, das hatte Maria oft gesehen, wenn sie in der Wüste galoppiert war. Niemand außer Alisha konnte sie und ihr Kind retten, das wußte Maria.

„Ich reite", sagte sie zu Joseph, ihrem Mann. „Ich reite und nehme den Jungen mit. Komm nach, sobald du kannst. Auf Alisha entkomme ich den Häschern, es gibt kein schnelleres Pferd als sie in der Wüste. Ich reite nach Ägypten. Folge mir; dort werden wir uns wiedersehen."

Maria war eine gute Reiterin, und sie liebte und kannte Alisha so, wie Balthasar sie gekannt hatte.

Es hatte nicht immer viel zu essen gegeben bei ihnen, denn Maria und Joseph waren arm. Aber immer hatte Alisha genug Gerste gehabt; und manche Dattel, die Maria selbst hatte essen wollen, hatte sie Alisha zugesteckt. Alisha war ihr wie eine Schwester, wie eine Freundin.

Jetzt war Alisha schnell gesattelt, das Kopfstück aufgetan. Die Klagen der Mütter im Nachbardorf wurden lauter und schallten über den Hügel.

Maria packte eilig ein paar Kleinigkeiten in ein Tuch, das sie sich um die Schulter wand. Dann glitt sie barfuß und geschickt wie immer auf Alishas Rücken.

„Gib mir Jesus", sagte sie zu Joseph, und der reichte ihr den kleinen Jungen aufs Pferd. Maria setzte ihn vor sich in den Sattel und nahm die Zügel auf. „Wir reiten", sagte sie trotz ihrer Angst wie ein junges Mädchen. „Sie kriegen uns nicht. Wir sehen uns in Ägypten!"

Und Alisha galoppierte! Wer holt eine arabische Stute ein, die das Rennen im Blut hat? Welches Pferd läuft schneller durch die Wüste und über Felshalden, klettert geschickter Berghänge hoch und durchquert so zügig wie Alisha Flüsse?

Maria brauchte keine Peitsche und keine Sporen, um Alisha schnell zu machen. „Lauf, Alisha, lauf!" sagte sie, und Alisha flog dahin. Herodes' Häscher hatten wohl gesehen, daß eine Frau mit einem Kind aus dem Dorf geritten war. Und mit Geschrei und Getöse waren sie hinter ihr her galoppiert, vergaßen darüber fast die Kinder in Bethlehem.

Aber sie hatten keine Chance gegen Alisha. Die schwarze Stute flog über die Ebene auf die Berge zu, die Israel von Ägypten trennten. Aber lange, bevor sie die Berge erreicht hatte, sahen die Häscher ein, daß sie dieses Pferd nicht einholen konnten. Enttäuscht kehrten sie um und ließen ihren Zorn an den zurückgebliebenen Kindern in Bethlehem aus. Es war schrecklich, und auch Alisha, die Maria und Jesus bis nach Ägypten trug, konnte es nicht verhindern.

Als Maria und ihr Sohn in Sicherheit waren, veränderte sich Alisha. Sie wurde unruhig, wollte sich nicht mehr von Maria reiten lassen; und manchmal hatte Maria den Eindruck, daß sie zurück nach Hause wollte.

Joseph schüttelte den Kopf, aber Maria ließ sich nicht beirren. Sie gab Alisha gutes Futter, zu gutes Futter für ein Pferd, das herumsteht und keine Arbeit verrichten muß. Eines Nachts ging sie zu Alisha in den Stall und redete mit ihr.

„Du willst nach Hause", sagte Maria. „Ich weiß es. Ich glaube, Balthasar hat dich bei uns gelassen, um meinen Sohn zu retten. Du hast ihn retten können, und ich danke dir von ganzem Herzen. Vor dem, was vor ihm liegt, kannst du ihn nicht bewahren. Er muß seinen Weg allein gehen. Lauf nach Hause, Alisha! Geh zurück in die Wüste, aus der du kommst, zurück zu Balthasar. Grüße ihn von mir und sage ihm, wie sehr ich im danke."

Maria gab Alisha noch eine Handvoll Datteln, dann öffnete sie die Stalltür, und die Stute ging hinaus. Vorsichtig und zögernd zuerst lief sie über den felsigen Boden, aber dann begriff sie, daß sie frei war – und mit hocherhobenem Kopf und flatternder Mähne galoppierte sie in die Wüste.

Viele Wochen später wurde eine schwarze abgemagerte Stute am Rande einer Wüstenstadt gefunden. Kostbares Zaumzeug schien sie einmal geschmückt zu haben, das sah man noch an den Fetzen, die um ihren Kopf hingen. Und von der elenden Stute ging ein Hauch von Hoheit und Adel aus, der es nicht erlaubte, sie grob zu behandeln.

Schnell drang die Kunde von der seltsamen Stute zum König. Und Balthasar wußte sofort, daß Alisha zurückgekommen war. Kaum hörte er von ihr, ritt er los zu der Stadt in der Wüste, wo die Stute sein sollte.

Er fand Alisha in einer Oase. Sie war schon nicht mehr ganz so mager, denn man hatte ihr gutes Futter gegeben, obwohl niemand genau wußte, warum man dieses Pferd so gut behandelte. Es lag einfach in dem Wesen dieser Stute: Alle hatten das Bedürfnis, sie müßten diesem Pferd etwas Gutes tun.

„Alisha", sagte der alte König leise, als er sie sah. „Meine geliebte Alisha!" Balthasar nahm Alisha mit nach Hause. Er wußte nicht, was sie in der Zeit erlebt hatte, in der sie fort war. Aber er wußte, daß sie wohl eine wichtige Aufgabe gehabt hatte, deshalb achtete er sie hoch.

In den nächsten Jahren bekam Alisha mehrere wunderschöne Fohlen. Und es geht die Sage, daß sie die Vorfahrin der besten Stuten war, die der Prophet Mohammed Jahrhunderte später als Stammütter der Araberzucht auserwählte.